吉野式

古典文法スーパー暗記帖

完璧バージョン

東進ハイスクール
東進衛星予備校
吉野敬介

Gakken

さあ始めるぞ！

「明日でもいいや」ということは、十年後でもいいや、って言っているのと同じなんだ。今日できないことは、明日やってもできない。今日やって満足することが大切なんだ。なんだってそうだ。

二十歳の九月二十日に、失恋をきっかけに、おれは受験を決意した。初めての模試の偏差値は三教科平均二五。それがおれのまぎれもない出発点なんだ。

今はこうして古文の講師をしている。よく思うことは、どんなにすばらしい解説でも、結局は暗記から逃げるわけにはいかないっていうことだ。覚えるのは「自分」。毎年多くの生徒に「先生のおかげで合格しました」って言われ、それは嬉しいことだけど、でも結局、合格のためにたくさん覚えてきたことは、自分自身がしたことなんだ。自分を信じろ。

この『スーパー暗記帖』は、ダイナミックにして繊細、じゃあなくて、ダイナミックにしてダイナミックな本だ。この本を信じて、最後までがんばって暗記し、理解していけば、文法はバッチリだ。そのかわり、ただざっと読んだだけで暗記しなければ、この本はただの紙切れだ。

文法は重箱の隅をつつくみたいにマニアックにやっても仕方がない。バッチリ身につけた基本こそ、応用力をもつ。この本でしっかり基本を身につけてほしい。

さあ始めるぞ！

愛と夢を信じる男　吉野敬介

この本の使い方

こうやってこの本はボロボロになる！そしておまえは夢をつかむ！

文法は正しい解釈のためにやるんだ。文法のための文法なんてナンセンスだからな。だからこの『スーパー暗記帖』では、まず

❶活用と接続がスラスラと出てくるまで暗唱するぞ。

ここがいいかげんな奴がじつに多い。それじゃあ、入試で点が取れるわけがない。単語ばっかりやるから、入試で失敗するんだ。そんな参考書も多いからな。「雨降れる時」の「る」が、存続・完了の助動詞で「〜ている・〜た」って訳せるには、助動詞「り」の活用と接続をカンペキにマスターできてないと手も足もでないぞ！　大声だして活用と接続を何回も叫べ！

❷活用と接続がカンペキになったら、意味を覚える。

この本では、重要例文と訳をたくさんあげてある。重要例文と訳を夢に出てくるまでくり返し読め！

❸ここまで何度もやって自信がついたら、仕上げに「入試問題にチャレンジ」で、最近出た入試問題に挑戦する。

ここまでくり返し脳ミソにたたきこみ、体で覚えたころには、この本はボロボロになっているはずだ。

そして志望校に受かれ！

もくじ

1 入試に出る助動詞 暗記100パーセント……7

2 超重要助詞 暗記100パーセント……123

3 ホトケ心の大補習

動詞・形容詞・形容動詞　完全暗記……173

※本書には、赤シートがついています。確認したい箇所があるときに、適宜シートを使ってください。

巻末付録「助動詞活用表」には、ライブ感たっぷりの吉野先生の暗記用音声がついています。付属のＣＤを聴き、適宜暗唱しながら活用してください。

1

入試に出る助動詞

暗記100パーセント

る

活用形	
未然	れ
連用	れ
終止	る
連体	るる
已然	るれ
命令	れよ
接続	四段・ナ変・ラ変の未然

らる

活用形	
未然	られ
連用	られ
終止	らる
連体	らるる
已然	らるれ
命令	られよ
接続	四段・ナ変・ラ変以外の未然

活用は理屈ぬきで覚えろ。念仏と言おうが、ラップと言おうが同じことだ。考える前に体で覚えるんだよ。さあ、いくぜ。二十回暗唱だ。どっちも未然形につくぞ！

れー　れー　るー　るる　るれ　れよ！

もう一つ、

られ　られ　らる　らるる　らるれ　られよ！

意味は四つ

❶ 受身［〜れる・〜られる］
❷ 尊敬［〜なさる・お〜になる］
❸ 自発［ついつい・自然と〜れる］
❹ 可能［〜できる］

四つも意味があって、区別しにくそうだけど、ちゃんとポイントがある。

❶「る」「らる」の上に、〈対象〉を表す格助詞の「に」があったら、もしくは、「に」を補うことができたら ⬇ 受身（「に」の上はほとんど人物）

例文

姑に思はる《ワ》る嫁の君

［訳……姑に思われる嫁さん］

❷高貴な人物――「る」「らる」の形になったら ⬇ 尊敬

例文

かの大納言、いづれの船にか乗らるべき。

［訳……この大納言殿は、どの船にお乗りになるおつもりだろう。］

どうだ？　わかるだろ！

❸「る」「らる」の上に、自分の感情・心中を表す動詞があったら ⬇ 自発

例文

けふ《きょう》は都のみぞ 思ひやら るる。

［訳……今日は都のことばかり、ついつい思ってしまうよ。］

「る」「らる」の上に、自分の動作・行動を表す動詞があったら ⬇ 自発

例文

筆をとれば物 書か れ、楽器をとれば音をたてんと思ふ。

［訳……筆をとると自然と物を書き、楽器をとると音をだそうと思う。］

❹「る」「らる」が可能になる場合は、（平安時代では）必ず直後に打消（反語）がくる。

例文

胸のみふたがりて、物なども見入れ られ ず

［訳……胸ばかりふさがったような気分で、物を見ることができない］

ここで差がつく＋α

直後に打消がなくても「る」「らる」が可能になる場合

❶なんだって基本があれば例外もある。『徒然草』みたいな中世（鎌倉・室町）の文だと、直後に打消がなくても「る」「らる」が可能のときもある。

例文

冬はいかなる所にも住まる（可）

［訳……冬はどんな所にも住む**ことができる**］

❷無生物（生きていない物）が主語になったときの「る」「らる」は、原則的に言って、受身にはならないんだ。これもゲットだぜ！

例文

大仏殿、建てられける時に（尊）

だから訳は、×「大仏殿が建て**られた**ときに」じゃなくて、○「大仏殿を**お**建て**になった**ときに」となるってことだ。

❸日記では、自分以外が主語なら「る・らる」に自発はない。自分が主語のときは自発が多い。出典が日記の場合、自発はかなり炸裂するぞ！

入試必勝！秘伝テク

「る」「らる」の意味の見分け方

入試では「る」「らる」に傍線が引いてあったら**自発**のときが多いぞ。
・また、可能・自発どっちかな？　なんてまよったら、**自発**。
・自分以外が主語のときは**尊敬**だよ。
・「れ給ふ」・「られ給ふ」の「れ」、「られ」は尊敬ではない。**受身**のときが多い。
・「仰せらる」の「らる」は絶対に**尊敬**。

演習問題

答え

【問題❶】活用を書け

	未然	連用	終止	連体	已然	命令
る						
らる						

【問題❷】意味を四つ書け

(　　　　)(　　　　)(　　　　)(　　　　)

【問題❸】上には何形がくるか？（接続の確認）

る→(四段とナ変とラ変の　　　形)

らる→(右以外の　　　形)

ここまでで一つでも落とした奴は、前にもどって二十回は暗唱しろ。活用・意味・接続は入試の最初の関門なんだ。理屈抜きで覚えろ！　これサボったら後がない。ここを徹底すれば、土台ができ上がると思ってくれ。

そしてあくまで**最初**は**活用**を完璧にマスターすること。**次に意味**だ。

【問題❶】
る→れ・れ・る・るる・るれ・れよ
らる→られ・られ・らる・らるる・らるれ・られよ

【問題❷】
受身・尊敬・自発・可能

【問題❸】
る→未然
らる→未然

り

活用形	
未然	ら
連用	り
終止	り
連体	る
已然	れ
命令	れ
接続	サ変未然・四段已然（命令）

たり

活用形	
未然	たら
連用	たり
終止	たり
連体	たる
已然	たれ
命令	たれ
接続	連用

二十回暗唱。さあいくぜ！

り・たり＝存《そん》・完《かん》！「り」の接続はさ《サ》み《未》・し《四》い《已》！

ら り り る れ れ！

「たり」は連用形につく！

たら たり たり！ たる たれ たれ！

意味は二つ

❶ **存続**［〜ている・〜ていた］
❷ **完了**［〜てしまった・〜てしまう］

ただし、入試で力を発揮するのは、意味の区別の前に、**そもそもこの助動詞を文中で見抜けるかどうか**だ。「り」はサ変の未然形と四段の已然形（命令形）に接続するんだけど、

「**e**《エ》――**らりるれ**」
↓
「**存**《そん》**（続）** **or**《オア》 **完**《かん》**（了）**」

この形をマル暗記しろ。

例文を二十回以上読め！

例文

蝗《いなご》を呑《の》め(e)りける故《ゆえ》 四段・已

[訳……蝗を飲み込んだという昔]

立て(e)る人どもは装束《しょうぞく》の清らなること、物に似《に》ず。 四段・已

[訳……立っている人々は、その服装が美しいことは、たとえようがない。]

宮の御前《ごぜん》、母北の方も続きたち給《たま》へ《エ》(e)れば、 四段・已

[訳……中宮様と、母である北の方も続いておたちになったので、]

演習問題

【問題❶】活用を書け

	未然	連用	終止	連体	已然	命令
り						
たり						

【問題❷】意味を二つ書け

（　　　）（　　　）

【問題❸】上には何形がくるか？（接続の確認）

り→サ変の①（　　形）と四段の②（　　形）　たり→（　　形）

一つでも落としたら前に戻って復習しろ！ **活用・意味・接続**の三つは助動詞の命だ。ここさえクリアすれば土台ができ上がる。ガンバレ！

答え

【問題❶】
り→ら・り・り・る・れ・れ
たり→たら・たり・たり・たる・たれ・たれ

【問題❷】
存続・完了

【問題❸】
り→①未然
②已然（命令）
たり→連用

す

活用形	
未然	せ
連用	せ
終止	す
連体	する
已然	すれ
命令	せよ
接続	四段・ナ変・ラ変の未然

さす

活用形	
未然	させ
連用	させ
終止	さす
連体	さする
已然	さすれ
命令	させよ
接続	四段・ナ変・ラ変以外の未然

しむ

活用形	
未然	しめ
連用	しめ
終止	しむ
連体	しむる
已然	しむれ
命令	しめよ
接続	全ての（or動詞の）未然

じゃあ三つまとめてどなるぞ！　ナムアミダブツ・ナンミョウホウレンゲキョウ

す・さす・しむ＝使《し》・尊《そん》！　どれも未然形につく！

せー　せー　すー！　する　すれ　せよ！

させ　させ　さす！　さする　さすれ　させよ！

しめ　しめ　しむ！　しむる　しむれ　しめよ！

ともかく面倒くさいことは悩むな。口に出して体で覚えるんだ。ここがアイマイでいい加減な奴は、入試でつまずく。活用がわかっていないと答えられないんだぜ。活用を覚えた後、意味を覚えろ。いきなり意味にいっちゃだめだ。

早くスラスラ言えるようになったら、次のポイントは意味。

意味は二つ

❶ **使役**［〜せる・〜させる］
❷ **尊敬**［〜なさる・お〜になる］

この二つの区別は次のようにやる。ここはしっかり頭で理解しよう。

まず「す」「さす」「しむ」の直後に尊敬語があるかどうか。

次に上に対象（主に人物だよ）を示す「〜に」がないかどうか。

これで**使役**の意味か、**尊敬**の意味かを区別する。

使役・尊敬の区別法

①直後に尊敬語（給ふ・おはします）が　ナイ⬇この場合は使役で決まり。
アル⬇この場合、②に進む。
②上に対象（人）を示す「に」が　アル⬇これも使役で決まり。
ナイ⬇このときだけが尊敬。

「す（せ）・さす（させ）・しむ（しめ）」の直後に尊敬語がなかったら絶対使役。単独の「す・さす・しむ」は使役と覚えておこう。また「す・さす・しむ」の上に対象を示す格助詞「に」があったら使役の意味。ないときは、尊敬だ。

古文で見てみるよ。実際には入試ではこういう箇所に傍線が引かれる。

例文

今日、破籠《わりご》持たせて来《き》たる人

[訳…今日、弁当を(家来に)持たせてやって来た人]

よく見ろ。まず①「直後に尊敬語」が…ナイよな。だからこの時点でスグ**使役**と決まり。わかったらこの例文は暗記するくらいくり返し読め！

例文

随身《ずいじん》にうたはせ給ふ

[訳…家来にうたわせなさる]

①直後に尊敬語が…アルだろ。次、②上に対象を示す「に」が…アル。よって**使役**。

例文

御帳《みちょう》のうちを通らせ給《たま》ふ《ウ》

[訳…御とばりの中を**お**通り**になる**]

これは？

①「直後に尊敬語」が…アルな。しかも、②「対象を示す『～に』」が…ナイな。しっかり文字、特に平仮名を見落とさないように。ということはこの「せ」は**尊敬**。尊敬は「～なさる」「お～になる」だったな。

演習問題

【問題❶】活用を書け

	未然	連用	終止	連体	已然	命令
す						
さす						
しむ						

【問題❷】意味を二つ書け

(　　　　)(　　　　)

【問題❸】上には何形がくるか?(接続の確認)

①す→四段・(　　　)・(　　　)の未然形

②さす→②以外の(　　　形)　③しむ→全ての(　　　形)

答え

【問題❶】

す→せ・せ・す・する・すれ・せよ

さす→させ・させ・さす・さする・さすれ・させよ

しむ→しめ・しめ・しむ・しむる・しむれ・しめよ

【問題❷】

使役・尊敬

【問題❸】

①す→ナ変・ラ変

②さす→未然

③しむ→未然

ず

活用形	未然	連用	終止	連体	已然	命令
	(ず)	ず	ず	ぬ	ね	○
	ざら	ざり	ず	ざる	ざれ	ざれ

接続
未然

さあいくぞ！　二十回暗唱

ず＝打《うち》消《けし》　未然形につく！

ずーずーずー　ぬー　ねー　○ー！

ざら、ざり　ず　ざる　ざれ　ざれー！

意味は簡単。ともかく「～ナイ」って打ち消す。ポイントは、ほかとくっついたときだ。

「ずは《ワ》」となると

①仮定＝〝～ないならば〟

②連用修飾＝〝～ないで〟のどちらかだ。

この二つのどちらであるかは、前後の内容から判断するしかない。

例文はくり返し読め！

例文

今日来《こ》ずは《ワ》明日は雪とぞ降《ふ》りなまし消えずは《ワ》ありとも花と見ましや

［訳……今日来ないならば明日は雪となって散ってしまうだろう。消えないであったとしても花だと見るだろうかいや見ない］

「〜なくに」は〝〜ないのに〟と訳す。

「〜なくに」の「な」が打消で、これは「ず」の未然形の上代（奈良時代）の形。「く」は接尾語、「に」は格助詞だ。訳し方に注意してくれ。

例文

雪だに消えなくに

［訳……雪さえ消えないのに］

ここで差がつく＋α

「ず」の活用の仕方

❶「ず」には活用形が二列あるな。
直後に助動詞があるときは、「ざら・ざり・ざる」（補助活用）の列を使い、それ以外のときは「ず・ぬ・ね」（本活用）の列を使うんだ。
だから「ざりけり」とは言うが、「ずけり」は使わないと覚えておこう！

❷ただし、例外が一つだけ。例外は例外として覚えるんだよ。
断定の「なり」だけは、助動詞なのに本活用の連体形「ぬ」につくんだ。
だから

例文

言はぬなり
［訳……言わないのだ］

となったら、この「なり」は断定。「ぬ」＝打消「ず」の連体形（本活用）。

演習問題

【問題❶】活用を書け

	未然	連用	終止	連体	已然	命令
ず	(ず)					○
	ざら					

【問題❷】意味を書け

（　　　　）

【問題❸】上には何形がくるか？（接続の確認）

（　　形）

答え

【問題❶】
ず→ず・ず・ぬ・ね
ざら→ざり・ず・ざる・ざれ・ざれ

【問題❷】
打消

【問題❸】
未然

「ぬ・ね」（打消・完了）の見分け方

ここで、打消「ず」と完了「ぬ」（P.54）の活用を比べてみよう。なぜなら両方に「ぬ」「ね」があるからね。区別の仕方を知らないとやっぱり、文中で訳せない。

		未	用	終	体	已	命
ず	［打消➡未然形接続］	(ず)	ず	ず	ぬ	ね	○
ぬ	［完了➡連用形接続］	な	に	ぬ	ぬる	ぬれ	ね

識別の基本はまず二つ。何形＋「ぬ」、何形＋「ね」か、ということ。で…

❶未然形＋「ぬ」になっていたら ➡ 打消

例文

あの国の人をえ戦は ぬ なり
（戦は：四段動詞の未然形）

［訳……あの国の人とは戦うことはできないのである］

❷連用形＋「ぬ」になっていたら ➡ 完了

例文

侍従《じじゅう》の御《おおん》むすめの死に給ひ《イ》 ぬ なり
（給ひ：連用形）

［訳……侍従の姫君がお亡くなりになったそうだ］

以上が基本。この❶・❷で（上一段・上二段・下一段・下二段動詞のように未然形と連用形の形が同じで）区別がつかない場合、「ぬ」「ね」が何形かで判断するんだよ。で、次の❸・❹で考える。

❸「ぬ」が連体形なら ➡ 打消

例文

あられ ぬ 世《よ》を念《ねん》じ過《す》ぐしつつ、
（ぬ：連体形　世：体言）

［訳……生きにくい世の中を我慢して暮らしてきて、］

体言（名詞）「世」の上は連体形。連体形の「ぬ」は**打消**で決まり！

❹「ぬ」が終止形なら ➡ 完了

例文

道済《みちなり》、舞《ま》ひ《イ》奏《かな》でて出《い》でぬ。（終止形）

［訳……道済は、舞い踊りながら出て**しまった**。］

この「ぬ」は文の終わりで係り結びもないから、終止形。終止形の「ぬ」は、**完了**だ！

さあ、**「ぬ」**の区別法❶～❹をバッチリ押さえたか？ 次は**「ね」**にいくぞ。

「ね」も「ぬ」のやり方と同じ。楽々ゲットしてくれ。

❶未然形＋「ね」になっていたら ➡ 打消

例文

乱罰にあづかるべきことこそおぼえ侍《はべ》らね。（ラ変・未然形）

［訳……これほどの罰を受けなければならないとも思われませ**ん**。］

直前「侍ら」の活用語尾が「a《ア》」音ということで、ラ変動詞の未然形だから、これは打消「ず」の已然形となる。

❷ 連用形＋「ね」になっていたら ⬇ 完了

例文

今は渡《わた》らせたまひ 四段・連用形 ね 命令 。

［訳……もうお行きなさい。］

さてここも❶・❷で決まらなかったときは、次の❸・❹で決める。

❸「ね」が已然形なら ⬇ 打消

例文

乱罰にあづかるべきこと こそ おぼえ侍《はべ》らね 已然（係助詞「こそ」の結び） 。

［訳……これほどの罰を受けなければならないとも思われません。］

❹「ね」が命令形なら ⬇ 完了

例文

今は渡《わた》らせたまひ《イ》ね 命令（「～なさい」と命令している） 。

［訳……もうお行きなさい。］

ここで差がつく＋α

ナ変動詞「死ぬ」「往《い》ぬ」の活用語尾

混乱しないように、まずはここまでがっちり覚えること。

がっちり覚えた上で一つ言っておく。「ぬ（ね）」の上に「死」「往」があれば、一語で**ナ変動詞**だ。

つまり「死ぬ」「往ぬ」の活用語尾。これ間違えないようにね。ナ変動詞はこの二つだけだから、ここで覚えてしまう。

演習問題

【問題❶】「ぬ」の識別のポイントは？

①（　　形）＋ぬ　↓打消　②（　　形）＋ぬ　↓完了

「ぬ」が③（　　形）　↓打消　「ぬ」が④（　　形）　↓完了

【問題❷】「ね」の識別のポイントは？

⑤（　　形）＋ね　↓打消　⑥（　　形）＋ね　↓完了

「ね」が⑦（　　形）　↓打消　「ね」が⑧（　　形）　↓完了

答え

【問題❶】
①未然　②連用
③連体　④終止

【問題❷】
⑤未然　⑥連用
⑦已然　⑧命令

む（ん）

活用形	未然	連用	終止	連体	已然	命令	接続
む（ん）	○	○	む	む	め	○	未然

むず（んず）

活用形	未然	連用	終止	連体	已然	命令	接続
むず（んず）	（○）	（○）	（むず）	（むずる）	（むずれ）	（○）	未然

「む」と「むず」は活用形が三つしかない。カンタンだね。さあイクゾ！

む・むず＝婉《えん》・意《い》・推《すい》・適《てき》・仮《かり》・勧《かん》　順序は覚えやすいように変えていいぞ。

○　○　む　む　め　○

（○）　（○）　（むず）　（むずる）　（むずれ）　（○）

意味は六つ

❶ **婉曲**《えんきょく》［～のような］　※婉曲＝言い方をぼかすこと。
❷ **意志**［～よう・～たい・～するつもりだ］
❸ **推量**［～だろう・～そうだ］
❹ **適当**［～がよい・～しませんか］
❺ **仮定**［～ならば・～ても・～たら］
❻ **勧誘**［～がよい・～しませんか］

この六つは、よく出てくる順に並べた。婉曲《えんきょく》や意志、推量はよく出てくるぞ。入試では適当・勧誘はセットで覚えておこう。じゃあ、見分けるポイントを教えるよ。まず、

「む」が文中にあったら「―む―。」➡ 婉曲 か 仮定

（ただし、「む」の直後に「と」「とて」「や」などがあって、そこで文がいったん切れている場合は除く。）

「む」＋体言　の形なら ➡ 婉曲（たまに仮定）

例文

人に憎まれむ（婉曲） こと（体言）こそあるべけれ

［訳……人に憎まれるようなことであるに違いない］

この婉曲は、入試ではよく問われるぞ。
次の二つは意志の「む」だよ。

「む」の下に「と」があったら ➡ まず意志の「む」だと思え（意志でなければ推量で入ってみよう！）

例文

われも行かむ（意志） と 思ひ《イ》て

［訳……私も行こうと思って］

一人称（私）を受けている「む」なら ➡ 意志

例文

われ 御子《おおんこ》に代《かわ》りて海に入《い》らむ（意志）

［訳……私が御子に代わって海に入ろう］

次は推量だ。

三人称（私・あなた以外）を受けている「む」なら ⬇ 推量

例文

雪降らむ 推量 。

［訳……雪が降るだろう。］

仮定は、まず形で慣れるのが一番覚えやすい。

「む」＋助詞　の形になっていたら ⬇ まず仮定（仮定じゃなければ婉曲で入ってみよう）

むは《ワ》
むに
むも
むこそ

ときたら、まず仮定の意味だと思え。

次の実例で覚えよう。

例文
ありのままに言は《ワ》むは《ワ》をこがまし（仮定）
［訳……ありのままに言ったならば、それはばかげている］

例文
よくつかうまつりたらむにしたがひて
［訳……うまく詠《よ》み申し上げたならば、それにしたがって］

ここで差がつく＋α

推量・意志の「むず」

「むず」は、「む」を強調したもの。「むとす」が縮まったものだからサ変型。
意味は、推量と意志だけだよ。

ここで差がつく＋α

「――くは」ときたら「仮定」

「む」＋助詞のほか、「――くは」ときたら**仮定**（⬆形容詞形活用の連用形「――く」＋係助「――は」）になるので、これも一緒に覚えておこう！

例文

切りぬべき人なくは（仮定）、給《た》べ。切らん

［訳……切るはずの人がいないの**ならば**、ください。私が切りましょう］

例文

恋しくは（仮定）来ても見よかし

［訳……恋しい**ならば**来てあいなさいよ］

最後は適当・勧誘だ。
入試では適当・勧誘はセットで二人称（あなた）を受ける。

適当・勧誘の場合は、「こそ——め」の形を取ることが多い。

例文

あるがなかに、よからむ（婉曲）**をこそは選《え》りて思ひ《イ》たまは《ワ》め**（適当・已然形）

［訳……数ある中から、特によいようなものを選んでお思いなさるのが**よいだろう**］

今言ったようなポイントで見当をつけたら、必ず訳してみて、前後のつながりがスムーズかどうか確かめること。そして例文をくり返し口ずさむこと、［　］の訳がすぐに思い浮かべられるようにすること。形から慣れていけば難しくない。ここでメゲるな。頑張れよ！

入試必勝！秘伝テク

「む」が「～できるだろう」の意味になる場合

「む」には、もともとは可能の意味はないけれど、**「む」の下に疑問や反語**があるか、または**「なむ・てむ」**みたいに、上に強意の助動詞がくるときは、**可能推量（できるだろう）**の意味になることがあるんだ。次の例文で暗記してくれ。

例文

よみてむやは《ワ》

（て＝強　む＝可推　やは＝反語）

［訳……詠むことが**できるだろう**か、いやできない］

（コレが反語の訳し方）

例文

今の翁《おきな》まさにしなむや

（な＝強　む＝可推　や＝反）

［訳……今の老人がまさにすることが**できるだろう**か、いやできない］

演習問題

【問題❶】活用を書け

	未然	連用	終止	連体	已然	命令
む	○	○				○
むず	(○)	(○)				(○)

基本を覚えてなきゃどうしようもないぜ！

【問題❷】意味を書け

む　→（　　）（　　）（　　）
　　　（　　）（　　）（　　）
むず→（　　）（　　）（　　）

【問題❸】上には何形がくるか？（接続の確認）

む・むず→どちらも（　　　形）

答え

【問題❶】
む→む・む・め
むず→（むず）・（むずる）・（むずれ）

【問題❷】
む→婉曲・意志
推量・適当
仮定・勧誘
むず→推量・意志

【問題❸】
未然

まし

活用形	未然	連用	終止	連体	已然	命令
	ましか（ませ）	○	まし	まし	（ましか）	○

接続
未然

ちょっと複雑だが、ともかく暗唱してしまえ。体にしみこませ、脳ミソにたたき込め！

まし＝反実《はんじつ》・推《すい》・ため　未然形につく！

ましか・（ませ）　○　まし　まし　（ましか）　○

意味は三つ

❶ **反実仮想《はんじつかそう》**［〜だったら……だろうに］
❷ **推量**［〜だろう・〜そうだ］
❸ **ためらいの意志**［〜しようかしら］

反実仮想《はんじつかそう》の「まし」と言われていて、一番よく問われる。文字通り、現実と反対のことを仮に想像してみるという意味。

これには決まった形がある。

〈反実仮想〉
ましかば――まし
ませば――まし
せば――まし ➡ （もし）〜だったら――だろうに
その他の未然形＋ば――まし

空欄補充問題でよく問われるから、右は絶対暗記だぞ。
それからもう一つ。

「疑問語・や・か――まし」ときたら、➡ ためらいの意志。"〜かしら"と訳す。

例文
なほ忍《しの》びてや迎へ《エ》まし
［訳……やはり内々で（紫の上を須磨に）迎えようかしら］

例文

何心なきほどにやゆずりきこえまし

［訳……（姫君が）物心もついていない時分に（紫の上に）おゆずり申し上げようかしら］

例文

これに何を書かまし

［訳……これに何を書こうかしら］

例文

いかにせましと思し煩ひて

［訳……どのようにしようかしらと思い悩んで］

「まし」の意味は、❶反実仮想と❸ためらいの意志で基本は覚えておこう。

演習問題

【問題❶】活用を書け

	未然	連用	終止	連体	已然	命令
まし						

【問題❷】代表的な意味を二つ書け

（　　　　）（　　　　）

【問題❸】上には何形がくるか？（接続の確認）

（　　形）

そろそろダレてきてないか？　外走ってこい！　そして水あびろ！　活用・意味・接続は助動詞の絶対3ポイントだけど、**特に活用は土台の土台**。バカみたいだけどバカになってパーフェクトに覚えろ。意味はその後だぞ。

答え

【問題❶】
ましか（ませ）・○・まし・まし・（ましか）・○

【問題❷】
反実仮想・ためらいの意志

【問題❸】
未然

き

活用形	未然	連用	終止	連体	已然	命令	接続
き	せ	○	き	し	しか	○	連用

けり

活用形	未然	連用	終止	連体	已然	命令	接続
けり	（けら）	○	けり	ける	けれ	○	連用

過去の助動詞は二つ。特に「き」は、他のどの助動詞にも似ていないちょっと変わった活用だ。確実に暗記するように。文中で見分けられなければどうしようもないぞ。

き・けり＝過《か》

※ただし「けり」は詠《えい》嘆《たん》も。

せー ○ きー しー しか ○

もう一つ！

（けら） ○ けり ける けれ ○

意味は一つ

き――**体験過去**（自分が過去に体験したこと）［～た］

意味は二つ

けり――❶ **過去伝聞**（人づてに聞いた過去のこと）［～た（とかいう）］
❷ **詠嘆**［～たなあ］

意味はどちらも過去が基本。ただ、会話や、特に和歌に出てきた「けり」＝詠嘆と覚えてくれ。

会話・和歌の中に使われた「けり」は詠嘆（～だなあ）

「なりけり」の形をとることが多い。

要注意なのが接続。「き」も「けり」も連用形接続が基本だ。しかし「き」だけは、**サ変・カ変には未然形に接続**する場合があるんだ。

せし
せしか
サ変未然＋「き」

こし
こしか
カ変未然＋「き」

「せ」はサ変「す」の未然形、「こ」はカ変「来《く》」の未然形だね。これはこのままの形で暗記しよう。

※過去の助動詞「き」の未然形「せ」は、**「せば—まし」**の反実仮想の時だけにしか使われないぞ。

演習問題

【問題❶】活用を書け

	未然	連用	終止	連体	已然	命令
き						
けり						

【問題❷】意味を書け

き　→（　　　　）

けり→（　　　　）（　　　　）

【問題❸】上には何形がくるか？（接続の確認）

き　→（　　形）（カ変・サ変には未然形につくことも）

けり→（　　形）

活用・意味・接続は、すらすら出てくるまで理屈抜きで口に出すんだぞ。

答え

【問題❶】

き→せ・○・き・し・しか・○

けり→（けら）・○・けり・ける・けれ・○

【問題❷】

き→体験過去

けり→過去伝聞・詠嘆

【問題❸】

き→連用

けり→連用

「し」の見分け方

「し」は、❶過去の助動詞「き」の連体形、❷副助詞、❸サ変動詞「す」の連用形の三つを区別する。じゃあポイントを教えるよ。

❶連用形＋「し」の形になっていたら ➡ 過去の助動詞「き」の連体形

（ただし、カ変・サ変につくときは、未然形＋「し」もあったね）

例文

道済《みちなり》、信明《さねあきら》と いひ（連用形） し 歌よみの孫にて

［訳……道済は信明といった歌人の孫であって］

❷「し」がなくても意味が通じるときは ➡ 強意の副助詞

和歌の中で出てくることがほとんどで、接続助詞の「ば」と呼応して「〜し…ば」の形をとることが多い。

例文

あられ降る交野《かたの》の御野《みの》のかり衣《ごろも》ぬれぬ宿かす人しなければ（形・已）

［訳……あられが降る交野の御領地で狩をする人の衣はぬれてしまった。宿をかす人がいないので］

「し」をはずして、「宿かす人なければ」だけでも意味が通じるだろ。

❸文節の初めにきて、「し」＋連用形接続の助詞・または助動詞の形になっていることが多い。

➡ サ変動詞「す」の連用形

例文

空の色—し（サ変連用）たる—唐《から》の紙に

［訳……空の色をしている中国式の紙に］

ここまでの三つを押さえたら、プラスα《アルファ》のおまけいこう！

ここで差がつく＋α

「しも」の形になっている場合

強意の副助詞「し」は、係助詞「も」とくっついて、**「しも」**の形で出てくることも多いよ。

識別の方法は同じ。「しも」がなくても意味が通じるかどうかを見ればいい。

例文

などかくしもよむ

［訳……どうしてこのように詠むのか］　＝「などかくよむ」と同じ意味

演習問題

【問題❶】活用を書け

	未然	連用	終止	連体	已然	命令
助動詞「き」						
サ変動詞「す」			す	する	すれ	せよ

【問題❷】「し」の識別のポイントを完成させよ

①連用形＋「し」→（　　　　　　　　　　　　）

②「し」がなくても意味が通じる→（　　　　　　　　　　　　）

③「し」＋連用形接続の助動詞・助動詞→（　　　　　　　　　　　　）

答え

【問題❶】

き→せ・○・き・し・しか・○

す→せ・し

【問題❷】

①過去の助動詞「き」連体形

②強意の副助詞

③サ変動詞「す」連用形

つ

活用形	
未然	て
連用	て
終止	つ
連体	つる
已然	つれ
命令	てよ
接続	連用

ぬ

活用形	
未然	な
連用	に
終止	ぬ
連体	ぬる
已然	ぬれ
命令	ね
接続	連用

はい！　どなるぞ！　一回じゃだめ。二十回！

つ・ぬ＝強・完！　連用形につく！

て―　て―　つ―　つる　つれ　てよ！

な―　に―　ぬ―　ぬる　ぬれ　ね！

意味は二つ

❶ **強意**［まさに・きっと・まったく・たちまち・かならず・ちょうど］

❷ **完了**［〜てしまった・〜た・〜てしまう］

強意は、他の助動詞とちがって文末に補うっていうよりも、次のような訳し方で副詞を利用して訳せばいいぞ。でも、強意だとわかれば訳に出さなくてもいいよ。

強意 ⬇ 「まさに〜だ」「きっと〜だ」

ところで「強意・完了」の「つ」「ぬ」は微妙な使い分けがされているぞ。

ぬ＝自然的・静止的、また物事がそこから始まる場合に用いられる。

例文

花咲きぬ。

［訳……花が咲いた。］

つ＝動作的・意志的、また物事がそこで終わる場合に用いられる。

例文

敵と戦ひつ。

［訳……敵と戦った。］

わかったか？　いかにも花は、たまたま咲いちゃったという感じだけど、敵とは意志をもって戦った、という感じがするだろ。ようは、意識の問題なんだ。

ここで差がつく＋α

「つ」「ぬ」の活用と意味

「つ」「ぬ」はたった一文字で、しかも形を変えるから、どこに潜んでいるかわかりにくい。ここに文中によく出る形をあげておく。何回も口ずさめ！

※下に推量の助動詞「む」「べし」があったら、まずは完了ではなく**強意**ととる。「きっと～だろう」と訳すのがパターン。

未然形（完了）
てば
なば
ななむ（＝願望）
てまし
なまし

未然形（強意（完了））
てむ
なむ

連用形（強意（完了））
てき
にき
てけり
にけり
にたり

終止形（強意（完了））
つべし
ぬべし

演習問題

【問題❶】活用を書け

	未然	連用	終止	連体	已然	命令
つ						
ぬ						

【問題❷】意味を書け

（　　　）（　　　）

【問題❸】上には何形がくるか？（接続の確認）

つ→（　　形）

ぬ→（　　形）

答え

【問題❶】
つ→て・て・つ・つる・つれ・てよ
ぬ→な・に・ぬ・ぬる・ぬれ・ね

【問題❷】
強意・完了

【問題❸】
つ→連用
ぬ→連用

けむ（けん）

活用形	
未然	○
連用	○
終止	けむ
連体	けむ
已然	けめ
命令	○
接続	連用

「む」と同じように、未然形・連用形・命令形はないから、かんたん。

けむ＝過推《かすい》・過原《かげん》・過婉《かえん》・過伝《かでん》　連用形につく！

○　○　けむ　けむ　けめ　○！

意味は四つ

❶ **過去推量**［〜ただろう］
❷ **過去の原因推量**［どうして〜たのだろう］
❸ **過去婉曲《えんきょく》**［〜たような］
❹ **過去伝聞**［〜た〈とかいう〉・〜た〈そうだ〉］

推量・原因推量・婉曲・伝聞って四つの意味があるが、これら全部に「過去」ってことばがついていることに注目。「いま話題になっていることは過去のことだ」ってこと。

「む」が未来の推量　〜だろう
「らむ」が現在の推量　(今ごろ)〜ているだろう
「けむ」は過去の推量　〜ただろう

ってことなんだ。じゃあ古文を見てみよう。

例文

例文はくり返し読め!

雨ふりけむ

[訳……雨が降った(の)だろう]

ここで差がつく＋α

作者の感想を表す「や～けむ」「か～けむ」

❶「けむ」は「や」「か」なんかと結びつけて挿入句となることが多いぞ。

「や～けむ」「か～けむ」とあったら、文中に作者の感想がまぎれこんでるんだ。

だから、（　）でくくって「～ただろうか」なんて訳すといい。

例文

（飽かずやありけむ）二十日の夜の月出づるまでぞありける。

［訳……名残がつきなかったのだろうか、二十日の夜の月が出るまでその場にいたそうだ。］

＝

作者の感情のまぎれこみ！

❷「や～らむ」「か～らむ」の形でも挿入句になることが多いぞ！

演習問題

【問題❶】活用を書け

	未然	連用	終止	連体	已然	命令
けむ						

【問題❷】代表的な意味を一つ書け

（　　　　　　）

【問題❸】上には何形がくるか？（接続の確認）

けむ→（　　　　形）

答え

【問題❶】けむ→○・○・けむ・けむ・けめ・○

【問題❷】過去推量

【問題❸】連用

らむ（らん）

活用形	
未然	○
連用	○
終止	らむ
連体	らむ
已然	らめ
命令	○
接続	終止（ラ変型には連体）

らむ＝現推《げんすい》・目前《もくぜん》・婉《えん》・伝《でん》　終止形とラ変連体形につく！

○　○　らむ　らむ　らめ　○

これも「む」「けむ」と同じく、終止・連体・已然の三つしかないんだから楽勝だよな。

意味は四つ

❶ **現在推量《げんざいすいりょう》**［〜ているだろう］
❷ **目前原因推量《もくぜんげんいんすいりょう》**［どうして〜なのだろう・〜ので…だろう］
❸ **婉曲《えんきょく》**［〜のような］
❹ **伝聞《でんぶん》**［〜という］

「現在推量」「目前原因推量」というのは、つまりは**時は今**、ってことだ。**さっきの「けむ」が過去推量で、こっちの「らむ」は現在推量と覚えておこう**。今現在のことや目前のことを、こうかな、ああかなって推量しているんだ。たとえば、

例文はくり返し読め！

例文

身《み》の憂《う》さをなかなかなにと石清水《いわしみず》思《う》ふ心はくみてしる(らむ)

［訳……わが身のつらさをかえって何とも言わなくても、石清水の神は私の思う心をくみとって知っ**ているだろう**。］

訳し方はわかるな。石清水に祈っている自分の気持ちを、**今**、神はわかってくれ**ているだろう**、ってこと。

※基本的には「けむ」は**過去推量**、「らむ」は**現在推量**と覚えておこう！

ここで差がつく＋α

「らむ」の見分け方

この現在推量の「らむ」で一番やっかいなのは、文中に出てきたときの見分け方だ。文中に「らむ」と出てきたからといって、それがすべて「現在推量のらむ」［〜ているだろう］、とは限らない。ここはよく入試でもつかれるところだ。「らむ」の上の語に注目してみろ！

❶「らむ」の上が終止形（ラ変型は連体形）【＝直前の音がu段】だったら→現在推量の「らむ」

❷「らむ」の上が已然形【＝直前の音がe段】だったら→「ら」（〈e《エ》—らりるれ存（続）or完（了）〉って覚えてるか？）と「む」がきれる。（完了＋推量など）

例文

父宮《ちちみや》の尋《たず》ねいで給《たま》へ《エ》ら｜むも（ら：完了　む：仮定）

［訳……父宮がお尋ねなさったならば］

「らむ」の直前の音が「へ」とe段なんだから②でいいな!

③動詞・助動詞・形容詞・形容動詞の未然形+「む」のときもある

例文

同《おな》じ心ならむ人
(なら:断・未　む:婉曲)

[訳……同じ心であるような人(=気の合うような人)]

「らむ」の直前の音がu段・e段以外だったら③とみていい! ちなみにここでは「な」とa段だろ!

④文中の「らむ」の訳は婉曲から入ってみる

例文

人の言ふらむことをまねぶらむよ
(言ふらむ:婉曲　まねぶらむ:伝聞)

[訳……人が言うようなことをまねするということだよ]

演習問題

【問題❶】活用を書け

	未然	連用	終止	連体	已然	命令
らむ						

【問題❷】代表的な意味を一つ書け

（　　　　）

【問題❸】上には何形がくるか？（接続の確認）

らむ→①（　　　形ただしラ変型には②　　　形につく）

ラ変型には連体形につくっていうのは、終止形の「あり」って「イ段」で終わるだろ。これだと「らむ」が続きにくい。それで「ウ段」の連体形につくんだ。

答え

【問題❶】
○・○・らむ・らむ・らめ・○

【問題❷】
現在推量・

【問題❸】
①終止・②連体

べし

活用形	未然	連用	終止	連体	已然	命令
	(べく)	べく	べし	べき	べけれ	○
	べから	べかり	○	べかる	○	

接続
終止（ラ変型には連体）

推量の助動詞「べし」は左側の補助活用（カリ活用）に注意！　なんていうとビビるかもしれんが、これは形容詞型の活用だから、基本は形容詞といっしょ。活用語尾を見ればわかるはず。

べし＝〈推《すい》・意《い》・可《か》・当《とう》・適《てき》・命《めい》〉

終止形とラ変連体形につく！

って覚えるんだ。

(べく)　べく　べし　べき　べけれ　○！

べから　べかり　○　べかる　○　○！

簡単なもんだろう。

意味は六つ

❶**推量**［〜だろう・〜そうだ］
❷**意志**［〜よう・〜たい・〜するつもりだ］
❸**可能**［〜できる］
❹**当然**［〜べき・〜するはず・〜にちがいない］
❺**適当**［〜がよいでしょう・〜するとよい］
❻**命令**［〜しなさい］

意味は六つもある。どれがぴったりなのか、ほんと「べし」の意味って判断が難しい。結局は、古文はみんな前後で判断していくしかないんだけど、一応目安になるのは、**主語が何人称か**ってこと。必ず例文で確認すること。まず、

❶**推量は三人称（第三者、彼、彼女）を受ける。**

例文はくり返し読め！

例文

人はかたち、ありさまのすぐれたらむこそあらまほしかるべけれ。（⬇推量）

［訳……人は器量、容姿のすぐれているのがすばらしいことだろう。］

ここでは主語は「人」だから、三人称ってこと。一人称（私）でもないし、二人称（あなた、おまえ）どちらでもないよな。

❷意志は一人称（＝私）を受ける。

例文

この一矢に定むべし。（⬇意志）

［訳……この一本の矢で決めよう。］

❸可能については主語だけでは判断できない。「〜できる」「〜れる」と訳して不自然じゃないか、前後で判断。

例文

いかにいかがかぞへ《エ》やるべき。（⬇可能）

［訳……どうしてどのようにして数えることができるか。］

④当然も文脈から判断しろ。

例文

下部《しもべ》に酒飲ますることは、心すべきことなり。（➡当然）

［訳……身分の低い者に酒を飲ませるのは、よく注意するべきことである。］

⑤適当は二人称（＝あなた、おまえ）を受ける。

例文

すべきかたもおぼえで（➡適当）

［訳……するのに適当な方法も思いつかないで➡どうしてよいかわからないで］

⑥命令も二人称を受けるから、「適当」か「命令」どっちにするかは文脈から状況を把握して考えろ。

例文

此《こ》の内一句入集《にっしゅう》すべし。（➡命令）

［訳……このうち一句を入集させなさい。］

これらは、あくまでも目安だ。例外ももちろんあるから、本番ではちゃんと文章にあてはめておかしくないかチェックすることも忘れるなよ。

※「べし」の連用形「べく」に係助詞「は」がついて**「べくは」で仮定**を表す。その場合の「べく」は**可能**または**当然**で（〜できるならば・〜はずならば）と覚えておこう！

※『―くは』ときたら『仮定』」（P．38）のところを参照。

※「**べらなり**」の接続は「べし」と同じで、意味は**推量**（〜ようだ・〜そうだ・〜の様子だ）になるからな！　あわせて覚えておこう！

演習問題

【問題❶】活用を書け

べし	未然	連用	終止	連体	已然	命令
	べから	べかり	○	べかる	○	○

【問題❷】意味を六つ書け

（　　）（　　）（　　）

（　　）（　　）（　　）

【問題❸】上には何形がくるか？（接続の確認）

①（　　形・ラ変型には②（　　形につく）

答え

【問題❶】
（べく）・べく・べし・べき・べけれ

【問題❷】
推量・意志
可能・当然
適当・命令

【問題❸】
①終止・②連体

なり（伝聞推定）

活用形	未然	連用	終止	連体	已然	命令	接続
	○	（なり）	なり	なる	なれ	○	終止（ラ変型には連体）

なり（断定）

活用形	未然	連用	終止	連体	已然	命令	接続
	なら	なり・に	なり	なる	なれ	なれ	連体・体言等

「なり」には伝聞推定の助動詞「なり」と断定の助動詞「なり」の二つがある。これはまったく別ものだ。両方とも区別して覚えるんだ。

伝聞推定＝なり　終止形とラ変連体形につく！

○　（なり）　なり　なる　なれ　○！

断定＝なり！　連体・体言につく！

なら　なり・に　なり　なる　なれ　なれ！

活用は、この際まとめてラ変型「ら・り・り・る・れ・れ」と覚えておけばいい。ただし断定「なり」だけは連用形に「に」がついている。これが重要。形容動詞と同じだ。

それじゃ先に意味から。次の通り。

伝聞推定　なり

❶ **伝聞**［〜とかいう・〜そうだ］

❷ **推定**［〜らしい・〜ようだ］

※基本的には**伝聞推定**で覚えておこう。

断定　なり

❶ **断定**［〜である］

❷ **存在**［〜にある・〜にいる］

「なり」の見分け方

二つの助動詞はうり二つだけれど、もちろん見分け方がある。

❶「なり」の上が**終止形（ラ変型は連体形）**だったら ⬇ **伝聞推定**

❷「なり」の上が**連体形・体言**だったら ⬇ **断定**

例文はくり返し読め！

例文

男もす（終止）なる（伝推）日記《にき》といふ《ウ》ものを女もしてみむとてする（連体）なり（断定）。

［訳……男も書く**という**日記というものを、女の私も書いてみようと思って書く**のである**。］

断定「なり」の接続でもう一発！　連体形・体言以外に接続するパターンとして次の二つを暗記！

かく《副詞（指示）》なり入れば《接続助詞》なりけり ⬇ 副詞や助詞は活用しないので、体言相当にみる

その他の「なり」の区別

ところで以上の助動詞「なり」のほかにも、動詞「なる」の連用形や、形容動詞の活用語尾が「なり」の形になってるものがある。まずは動詞から。

③連用形＋「なり」 ⬇ 動詞（〜ニナルという意味）
「なり」の上が連用形 ⬇ 四段動詞「なる（成る）」の連用形。ほかにも文中で「〜になり」「〜となり」「〜なりて」って出てきたら、この「なり」は動詞（「成る」の連用形）なんだ。

たとえば

例文

関白《かんぱく》殿、色青くなりぬ。

【訳……関白殿は顔色が青く**なっ**た。】

次に形容動詞。

❹「性質・状態＋なり」⬇ 形容動詞

❺「—げなり」⬇ 形容動詞

上に性質・状態を表すことばがあったり、**「〜げなり」**って形だったら一語の形容動詞だ。

「うつくしげなり」「惜しげなり」。

ほかにも、次の音便形に注意。

音便形

❻「な《ナン》なり」「あ《アン》なり」「べか《カン》なり」「ざ《ザン》なり」の「なり」⬇ 伝聞推定

❼「な《ナン》めり」「な《ナン》なり」の頭の「な」⬇ 断定（なるめり→なんめり→なめり）

入試必勝！秘伝テク

終止・連体が同型の動詞につく「なり」

ちょっと思い出してくれ。四段・上一段って、終止形と連体形が同じ形だろ（「思ふ」と「思ふ」、「見る」と「見る」）。とすると、上に終止形がくるか連体形がくるかでは、伝推（伝聞推定の略）か断定かは区別できないじゃないか。

もう一つ。ラ変の終止形には助動詞は接続しない。するとこれも伝推・断定ともに連体形につくことになる。これは困った。

見分けるポイントは、とりあえず三つパターンがあるから覚えておけ。まず

❶終止・連体が同型の動詞（四段・上一段）＋なる＋名詞 ➡ 伝聞推定

❷音・声……なり ➡ 伝聞推定

例文

しばしありて、前駆《さき》高《タコ》う追ふ《ウ》声すれば、「殿、参《まい》らせ給《たま》ふ《ウ》なり」とて 伝推

［訳……しばらくして、声高に先払いをする声がするので、「殿が参上なさる**らしい**」といって］

「声」がすぐ前にあるから、この「なり」は伝聞推定だとわかるね。「伝聞」っていう以上、音に関係するわけ。音から推定するんだ。次に

❸係助詞「ぞ・なむ・や・か」＋終止・連体同型＋なる ⬇ 伝聞推定

例文

文箱《ふばこ》に入《い》れてありとなむいふ《ウ》なる 伝推

［訳……文箱に入れてあるという**ことだ**］

「いふ」は四段で終止形も連体形も「いふ」

これは係助詞が「なむ」以外の「ぞ」「や」「か」でも同じ。

※また、「こそ―終止・連体同形＋**なれ**」の「なれ」も**伝聞推定**。

確認問題

【問題】

次の傍線部の説明としてふさわしいものを、後の選択肢から選べ。

(1) 人にあは《ワ》ぬ**なり**。

(2) この十五日になむ月の都よりかぐや姫を迎へ《エ》にまう《モ》で来《く》**なる**。

(3) 無辺《むへん》世界を射《い》給《たま》へ《エ》るに、関白殿色青く**なり**ぬ。

(4) 荒海の絵、生きたる物どものおそろしげ**なる**、手長足長などをぞかきたる。

(5) また、聞けば侍従《じじゅう》の大納言の御《おおん》娘亡くなり給《たま》ひ《イ》ぬ**なり**。

(6) この御子のゐ《イ》給ふ《ウ》べき**な**《ナン》めり。

ア 伝聞・推定の助動詞「なり」の終止形

イ 伝聞・推定の助動詞「なり」の連体形

ウ 断定の助動詞「なり」の終止形

エ 断定の助動詞「なり」の連体形

オ 形容動詞の活用語尾

カ 動詞「なる」の終止形

答え

(1) ウ
(2) イ
(3) キ
(4) オ
(5) ア
(6) エ

キ　動詞「なる」の連用形

(1)と(5)はちょっと難しいぞ。まずは「ぬ」の識別から入るんだ。

(1)は「あは」と未然形→「ぬ」は打消

→「ぬ」の活用形は連体形だから「なり」は断定！

(5)は「給ひ」と連用形→「ぬ」は完了

→「ぬ」の活用形は終止形で「なり」は伝聞・推定！

〔解釈〕

(1)人に会わないのだ。

(2)今度の十五日に月の都からかぐや姫を迎えにやって来るそうだ。

(3)見当違いの方向を射なさったので、関白殿は顔色が青くなった。

(4)荒海《あらうみ》の障子絵は、生き物など不気味そうな手長足長（想像上の巨人）が描いてある。

(5)また、聞くと、侍従の大納言の姫君がお亡くなりになったそうだ。

(6)この皇子が（東宮の地位に）つかれるはずであるようだ。

「なり」ハイレベル

「なり」を伝聞と推定に分けろなんていう高度な問題がもし出たらこう覚えてくれ。

「なり」の前後の事件（声・音）が

自分に近いことなら ➡ 推定
自分から遠ければ ➡ 伝聞

例文

秋の野に人待つ虫の声すなり

［訳……秋の野に人を待つという松虫の声がしているようだ］

↓近くで虫の声がしている ⬇ 推定

かかる人こそ昔物語もすなれと思ひ《イ》出《い》でられて

［訳……このような人こそが昔物語をするということが思い出されて］

↓このような人＝身近でない人 ⬇ 遠い ⬇ 伝聞

誰かの噂を伝え聞いているわけ。

「〜に」と出たら…

「なり」の見分け方の補助として、「に」についてよく入試に出るポイントを話そう。「なり」の説明の頭んとこでも言っておいたけど、断定の「なり」の連用形に「に」がある。しかし「に」には格助詞、接続助詞、形容動詞の活用語尾と、いろいろな可能性があるよ。

「に」の区別

①「に」の上が連体形だったら「に」は格助詞、または接続助詞、または断定の助動詞。

※格助詞・断定の助動詞の「に」の場合は、体言につくこともある。

②「〜に」と訳せたら ⬇ 格助詞

③順接「ので ところ と」 逆接「のに けれども のだが」と訳せたら ⬇ 接続助詞

④「〜である」「〜で」と訳せたら断定。

⑤連用形＋に ⬇ これは完了

⑥「に」の上に「往」「死」があればナ変動詞（往に・死に→一語でナ変の連用形）。

⑦「性質・状態＋に」⬇形容動詞

⑧「にき」「にけり」「にたり」とあったら、「に」は完了。

⑨「にや」「にか」「にこそ」とあったら、「に」は断定。

にや／にか（あらむ）⬇［であるだろうか・であろうか］

にこそ（あれ）⬇［である］

にこそ（あらめ）⬇［であるだろう・であろう］

（　）内は省略されている場合が多いから注意しろよ！

⑩「にあり」「におはす」「におはします」「に侍《はべ》り」「に候《そうろ》ふ《ウ》（さぶらふ）」の「に」は断定。

「に」の上は連体形・体言（または助詞）。

⑪「――げに」「――かに」⬇形容動詞（美しげに　にほひやかに）

⑫入試で「まことに」「つひ《イ》に」「さらに」「ことに（殊に）」と出たらこれは一語の副詞。

確認問題

【問題】

次の傍線部について、それぞれ文法的に説明せよ。

(1) 異心《ことごころ》ありてかかる**に**やあらむと思ひ《イ》うたがひ《イ》て、

(2) 名にめでて折れるばかりぞ女郎花《おみなえし》われ落ち**に**きと人にかたるな

(3) 来《き》つらむ方も見えぬ**に**、猫のいとなごう鳴いたるを、

(4) 髪の美しげ**に**削がれたる末も、なかなか長きよりも、

(5) ならの京《みやこ》、春日《かすが》の里に、しるよしして狩《か》りに往《い》**に**けり。

〔解釈〕

(1)浮気心があってこのようであるのだろうかと思い疑って、

(2)名前にひかれて折っただけなのだ、女郎花よ、私が落ちぶれてしまったと人に言わないでくれよ。

(3)来たような方向もわからないけれども、猫がとてもおだやかに鳴いているので、

(4)髪の美しい様子に切られている毛先も、かえって長いのよりも、

(5)奈良の都の春日の里に、その土地を領有している縁で、狩りをしに行った。

答え

(1)断定の助動詞「なり」連用形

(2)完了の助動詞「ぬ」連用形

(3)接続助詞

(4)形容動詞活用語尾

(5)ナ変動詞「往《い》ぬ」の連用形活用語尾

入試必勝！秘伝テク

「連体形＋に」の見分け方（ちょっと邪道っぽいけど）

「連体形＋に」の直後に「、」があったら**接続助詞**。反対に「連体形・体言＋に」の直後に「、」がなかったら**格助詞**。どうだ、簡単だろ。だから、⑶「見えぬに、」は、接続助詞ということ。

「に」―（省略形）

古文では「**省略**」が多い。次の形が出てきたら、（　）内のような語を補って考えるとわかりやすい。空欄補充や現代語訳の問題に出てくることが多いんだ。

「に」―省略

「にや」「にか」「にこそ」の「に」は断定だったな。それで次みたいな（　）内は省略されることが多いんだ。

・にや
・にか　―（あらむ）→「であるだろうか・であろうか」

・にこそ
　（あれ）→［である］
　（あらめ）→［であるだろう・であろう］

（　）内はわかっているものとして省略されるので、こっちは逆に補って理解するんだ。

次も同じく補うとわかりやすい。

とぞ
となむ
とや
とか
とかや
→ときたら、「言ふ《ゥ》」・まれに「聞く」を補ってみる。

このパターンは説話（『今昔物語集』など）で多く見られるぞ。

「にて」の識別

「にて」は、❶一語の格助詞　❷断定の助動詞「なり」の連用形＋接続助詞の「て」　❸形容動詞の連用形の語尾＋接続助詞「て」の三つがある。区別の仕方は次の通り。

❶「〜で」「〜として」「〜により」と訳せたら、「にて」一語で ⬇ 格助詞

この家にて生まれし女児《おみなご》のもろともに帰らねば

［訳……この家で生まれた女の子がいっしょに帰らないので］

例文

（光源氏は）十二にて御元服し給ふ《ウ》。

［訳……光源氏は十二歳で元服をしなさった。］

母は越前《えちぜん》の守《かみ》の妻にて下《くだ》りければ

［訳……母は越前の守の妻として下向したので］

竹の中におはする《ワ》にて、知りぬ。

［訳……竹の中にいらっしゃることによりわかった。］

❷「～であって」と訳せたら、断定の助動詞「なり」の連用形＋接続助詞の「て」

例文

わが身はか弱くものはかなき有様《ありさま》にて

［訳……私の身は病弱で何となく頼りなさそうな様子であって］

❸「～げ」＋「にて」とあったら、「にて」は形容動詞の連用形の語尾＋接続助詞「て」

例文

顔《つら》つき、いとらう《ロ》たげにて

［訳……顔つきはたいそうかわいらしい様子で］

ともかく例文をバカになるくらい読め（訳もな）！　どんどん力がつくぞ！

入試必勝！秘伝テク

「にて」の見分け方

難しそう？　だけど入試で「にて」を**格助詞**で答えさせる場合は、**「にて」**に傍線を引いてくる。**断定**で答えさせる場合は、「にて」の**「に」だけ**傍線を引いてくる。

これもテクニックのうちだ。

確認問題

【問題】

次の傍線部について、それぞれ文法的に説明せよ（ここでは都合上「に」にだけ傍線を引いてある）。

(1) 月の都《みやこ》の人**に**て、父母あり。

(2) ただ人《うど》**に**て、おほやけの御後見《おんうしろみ》をするなむ、

(3) 我《われ》朝ごと夕ごとに見る竹の中におは《ワ》する**に**て、知りぬ。

〔解釈〕

(1)月の都の人であって、父母である人がいる。

(2)臣下《しんか》として、朝廷の補佐をする。

(3)私が毎夕見る竹の中にいらっしゃることにより、わかった。

答え

(1)断定の助動詞「なり」連用形

(2)格助詞

(3)格助詞の一部

その他の助動詞

「じ」「まじ」「まほし」「たし」「らし」「ごとし」「めり」

さあ、**助動詞の最後**。これらは入試に出る頻度は比較的低いから、ここにまとめておいた。しかしともかく活用は完全に覚えること（巻末の活用表参照）。係り結びなどで出やすいぞ。

順に行くぞ。

じ	**打消推量**［～ないだろう・～まい］	**打消意志**［～まい・～ないつもりだ］
まじ	**打消推量**［～ないだろう・～まい］	**不可能**［～できない］
	打消意志［～まい・～ないつもりだ］	**禁止**［～してはならない］
	打消当然［～べきではない・～はずがない］	

「じ」は**未然形**、「まじ」は**終止形**（**ラ変型には連体形**）につく。

「じ」は「む」の打消 ➡ 「まじ」は「べし」の打消

と覚えておけばいい。
だから「む」より「べし」の方が強い推量・意志であるのと同じように、「じ」より「まじ」の方が強い打消推量だ。

む ➡ じ
＞打消＞
べし ➡ まじ

また、**「じ」は活用が全部同じ**。カンタン、カンタン。例文はこれで覚えよう。

例文

雨降らじ
[訳……雨は降らないだろう]
我行かじ
[訳……私は行かないつもりだ]

雨降るまじ
[訳……雨は降らないにちがいない]
我行くまじ
[訳……私は決して行かないつもりだ]
触るまじきこと
[訳……触ってはならないこと]

次は「まほし」「たし」「らし」。

まほし

希望［～**したい**］……**未然形**につく

例文

行か《未然形》**まほし**

［訳……行き**たい**］

たし

希望［～**したい**］……**連用形**につく

例文

行き《連用形》**たし**

［訳……行き**たい**］

これは現代語の「たい」と同じ。

らし

確実推量［～**らしい**・～**にちがいない**］……**終止形**につく（ラ変のみ**連体形**）

これは「根拠」「確信」のある推量。「じ」と同じで活用しない。原則、和歌で使用される。

例文は有名な歌の一部だ。

例文

春過ぎて夏来たる**らし**

［訳……春が過ぎて、夏が来た**にちがいない**］

ごとし

比況［～のようだ］……活用は、（ごとく）ごとく ごとし ごとき ○ ○

これは訳としては「～のようだ」でいいけど「比況」という用語も覚えておこう。

例文

雨降るがごとし。

［訳……雨が降るかのようだ。］

このように「ごとし」の上には**連体形のほか、「が」「の」がくる**ことが多い。

～が
～の
体言
＋ ごとし

最後は「**めり**」

めり

婉曲推量《えんきょくすいりょう》［～のようだろう・のようらしい・～のように見える］……**終止形**につく（ラ変のみ**連体形**）

これも「こそ～めれ《已然》」のように、**係り結び**に注意。活用をしっかり暗記すること。

入試問題にチャレンジ 助動詞編

解き方はP.118

頑張れよ！
まずは解説を見ないで
自力で解けよ！

【問題❶】傍線部「られ」と同じ用法のものは、どれか。⑴〜⑷の中から最も適当なものを一つ選べ。

我もしかなきてぞ人に恋ひられし

⑴ 同じ御時せらるる歌合

⑵ 筆をとれば物書かれ

⑶ 我が妻を忘れられず。

⑷ しうとにほめらるる婿

（防衛大）

【課題文の解釈】

私も（雄鹿が雌鹿を求めて鳴くように）そのように泣いてあなたに恋慕われたことよ

ポイント

【問題❶】「る・らる」の識別

答え

【問題❶】⑷

〔選択肢の解釈〕

(1) 同じ時代に行われる歌合

(2) 筆を持てば自然と何かを書き

(3) 私の妻を忘れることができない。

(4) しゅうとにほめられる婿

【問題❷】傍線部ⓐ～ⓒの語は文法的にそれぞれ、次の㋐～㋓のどれに該当するか。最も適当なものを一つずつ選べ〔同じ符号を何回用いてもかまわない〕。

イ　さまざまのお祈りはじまりて、なべてならぬ法ども行は(a)るれど、さらにそのしるしなし。

ロ　くさき香《か》世界にみち満ちて、変はりゆくかたちありさま、目もあて(b)られぬ事多かり。

ハ　仁和寺に隆暁《りゅうぎょう》法印といふ人、……縁を結ばしむるわざをなむせ(c)られける。

㋐ 受身の助動詞　㋑ 尊敬の助動詞
㋒ 可能の助動詞　㋓ 自発の助動詞

（関西学院大―経・改）

【課題文の解釈】

イ いろいろな御祈禱《ごきとう》が始まって、並一通りでない修法《ずほう》などが行われるけれども、まったくその効果がない。

ロ 臭いにおいがあたりに充満して、（死体が腐って）変わっていく様子は、目もあてることができないことが多い。

ハ 仁和寺の隆暁法印という人は、…仏縁を結ばせることをなさった。

【問題❸】□に「自然と泣けてくる」という意味になるように適切な語句を入れよ。

これを見ばいかばかりかと思ひつる人に代りてねこそ□

（富山大）

ポイント

【問題❷】「る・らる」の識別

答え

【問題❷】
(a) ㋐　(b) ㋒
(c) ㋑

【課題文の解釈】
これを見たならばどんなに（喜ぶ）かと思った人に代わって（私は）自然と声をあげて泣けてしまうことです。

【問題❹】傍線部「浮かべる」の品詞分解として最適なものを、次の㋐〜㋔の中から選べ。

木の葉の浮かべると見えて漕ぎくるを、

（青山学院大―経）

㋐ 動詞
㋑ 動詞＋助動詞
㋒ 動詞＋助詞
㋓ 動詞＋助動詞＋助詞
㋔ 動詞＋助詞＋助詞

【課題文の解釈】
木の葉が浮かんでいるように見える舟が漕いでくるのを、

ポイント
【問題❸】る・らる（自発）

答え
【問題❸】泣かるれ

ポイント
【問題❹】e―ら・り・る・れ

答え
【問題❹】㋑

【問題❺】傍線部「る」と同じ意味を表すものを、次の(1)～(5)の中から一つ選べ。

それより下れる際《きは》

(1) 女ぞ出でて取りける。
(2) また滝口にさへ笑はる。
(3) 千里の浜、広う思ひやらる。
(4) などかう遅れさせたまへる。
(5) 冬はいかなる所にも住まる。

（國學院大―文）

【課題文の解釈】
それより劣っている身分

〔選択肢の解釈〕
(1) 女が出てきて取った。
(2) その上滝口にまで笑われる。
(3) 千里の浜など、はるかに思い出される。

ポイント

【問題❺】助動詞「る」の識別

答え

【問題❺】(4)

(4) どうしてこのようにお遅れになっているのか。
(5) 冬はどんな所にでも住むことができる。

【問題❻】傍線部「せ」と意味・用法の同じものを次の(1)〜(5)のうちから一つ選べ。

大事なる人のうれへ(＝訴訟)をも、その衣を着て…申させければ、かならずなりけり。

(1) させることのよせなけれども、女院の御所などかかり申す。
(2) この事を御門きこしめして、竹とりが家につかひつかはさせ給ふ。
(3) 大宮かくときこしめされけるより、御涙にしづませおはします。
(4) 旅にしてもの恋ひしきに鶴が音も聞こえざりせば恋ひて死なまし
(5) 精進潔斎の道なれども、調味して家子侍《いえのこさむらい》どもにくはせられけり。

(同志社大―法・神)

ポイント
【問題❻】助動詞「す」の識別

答え
【問題❻】(5)

【課題文の解釈】
大事な人の訴訟についても、その着物を着て…申し上げさせると、必ず成功した。

〔選択肢の解釈〕
(1) それほどの縁はないけれども、女院の御所などをお借りする。
(2) このことを帝がお聞きになって、竹とりの家に遣いの者をお送りになった。
(3) 大宮はこれをお聞きになってから、涙にくれていらっしゃる。
(4) 旅であってもの恋しいので鶴の声も聞こえなければ故郷が恋しくて死んでしまうだろう。
(5) 精神潔斎の道中だけれども、料理をして家臣や侍たちに食べさせなさった。

【問題❼】空欄(a)・(b)・(c)には、それぞれ助動詞「ず」・「つ」・「り」が入るが、適切な活用形に直して入れよ。

イ　猫は、まだよく人にもなつか (a) にや、

ロ　この柱のもとにあり (b) 人々も心あわたたしげにて、

ハ　七八寸ばかりぞあまりたまへ[(c)]。

（北海道教育大）

【課題文の解釈】

イ　猫はまだよく人になついていないのであろうか、

ロ　この柱のもとにいた人々もあわてているようで、

ハ　七・八寸ほど余っていらっしゃる。

ポイント

【問題⑦】

(a) にや

(b)「つ」の活用

(c) e—ら・り・る・れ

答え

【問題⑦】

(a) ぬ　(b) つる

(c) る

【問題❽】傍線部(a)～(e)の「ぬ」はいずれも助動詞であるが、ひとつだけ種類の異なるものがある。それはどれか、次の①～⑤から選べ。

イ　秋になり(a)ぬ。
ロ　打松おどろおどろしから(b)ぬほどに置きて、
ハ　うちとけ(c)ぬさまにものをつつましと思したる気色、
ニ　世には絶えせ(d)ぬほののほなりけれ
ホ　酔泣きのついでに、忍ば(e)ぬこともこそ

（青山学院大）

①　(a)　②　(b)　③　(c)　④　(d)　⑤　(e)

【課題文の解釈】
イ　秋になった。
ロ　松の割木を大げさにならないほどに積んで、
ハ　くつろげない様で遠慮がちにお思いでいらっしゃる様子は、

ポイント
【問題❽】助動詞「ぬ」の識別

答え
【問題❽】①

ニ　いつまでも消えることのない（私の恋の）炎なのでしたよ。
ホ　酔い泣きの際に、おさえきれないことを口走ると大変ですから

【問題⑨】傍線部「ん」と意味用法の同じものを、次の⑴〜⑸の中から一つ選び、その番号を記せ。

我が懸想したらんと人の思はんも、

⑴　あぐらを結ひ上げて窺はせむに、そこらの燕、子産まざらむやは。
⑵　母北の方、「同じ煙りにものぼりなむ」と泣きこがれ給ひて、
⑶　「さりとも、つひに男あはせざらむやは」と思ひて、頼みをかけたり。
⑷　人の心根よくなり候はん事は、何より難くこそ存じ候へ。
⑸　人に勝らん事を思はば、ただ学問して、その智を人に勝らんと思ふべし。

（同志社大—経）

【課題文の解釈】
私が恋をしただろうと他人が思うならば、

ポイント

【問題⑨】「む（＝ん）」の識別

答え

【問題⑨】⑴

〈選択肢の解釈〉

(1)（家来たちを連れて行って）足場を組み上げて、そこをのぞかせたら、多くの燕が子どもを産んでいないことがあるだろうか、いやないだろう（↓産んでいるはずだ）。

(2) 母の北の方は、「同じ煙になって天に昇ってしまおう」と泣きこがれになって、

(3)「そうであっても、最後まで男と結婚させないことがあるだろうか、いや、ない」と思って、頼みをかけていた。

(4) 人の本心がよくなりますようなことは、何より難しいと承知しなさい。

(5) 人より勝るようなことを願うのならば、ただ勉強をして、その知識で人に勝ろうと思うべきだ。

【問題⑩】傍線部の「まし」と意味を同じくする「まし」を含む例文はどれか。次の(1)〜(6)の中から二つ選べ。

この大殿の大将殿などにや預けてまし。

(1) うららかに言ひ聞かせたらむは、おとなしく聞こえなまし

(2) いかさまにせむ、法師にやなりなまし、死にやしなまし

(3) 思ひかねうち寝る宵もありなまし吹きだにすさべ庭の松風

(4) 雪降れば木ごとに花ぞ咲きにけるいづれを梅とわきて折らまし

(5) 我が身の事知らぬにはあらねど、すべきかたのなければ、知らぬに似たりとぞ言はまし

(6) 戦図に入る山中ならずはかかるところに住みなまし

（法政大―文）

【課題文の解釈】
この大殿（＝道長）の（息子である）大将殿（＝頼道）などに（妻として）預けてしまおうかしら。

〔選択肢の解釈〕

(1) 明快に言い聞かせたならば、穏やかに聞こえただろう

(2) どうしよう、法師になってしまおうかしら、死んでしまおうかしら

(3) 思い続けるのに耐えかねて寝てしまう夜もきっとあるだろう。（眠りのさまたげにならないように）せめて吹き衰えてくれ、庭の松風よ

(4) 雪が降ると木々に花が咲いたようだなあ、どれを梅の木と区別して手折ろうかしら

(5) 自分の身のことを知らないのではないけれども、するべき方法がなければ、知らないのと同じようなものと言えるだろう

(6) 戦図に入る山の中でないのならば、このようなところにきっと住んだだろう

ポイント

【問題⑩】まし

答え

【問題⑩】(2)・(4)

【問題⑪】空欄ⓐ・ⓑに入る語を解答群からそれぞれ一つずつ選べ。

イ　後徳大寺大臣の寝殿《しんでん》に、鳶《とび》ゐさせじとて縄をはられたり［(a)］を、西行が見て、…

ロ　「…」と人の語りしこそ、さてはいみじくこそとおぼえ［(b)］。

（吉田兼好『徒然草』より）

ⓐ　㋐き　㋑し　㋒しか　㋓けり　㋔ける　㋕けれ

ⓑ　㋐き　㋑し　㋒しか　㋓けり　㋔ける　㋕けれ

（法政大―法）

ポイント

【問題⑪】「き・けり」の活用

答え

【問題⑪】ⓐ㋔　ⓑ㋒

【課題文の解釈】

イ　後徳大寺大臣が自分のお屋敷の寝殿の屋根裏に、鳶をとまらせまいとして屋根に縄をお張りになっていらっしゃったのを、西行が見て、…

ロ　「…」とある人が、私、兼好に語ったことは、それならたいそうすばらしいことだと思われました。

【問題⑫】傍線部「し」と同じ意味・用法のものを、次の⑴～⑸のうちから選び、その番号を記せ。

市佑時光《いちのじょう》と聞えしが、

⑴ もしこの友なくは、いかにわびしき心地しけむ。

⑵ 一文字をだに知らぬ者しが足は十文字に踏みてぞ遊ぶ。

⑶ もみぢ葉の色をしそへて流るれば浅くも見えず山川の水

⑷ 荒き風防ぎしかげの枯れしよりこはぎがうへぞ静心なき

⑸ 世の中にかしこきこともはかなきも思ひし解けば夢にぞありける

（同志社大―商）

ポイント

【問題⑫】「し」の識別

答え

【問題⑫】⑷

【課題文の解釈】
市佑時光と申し上げた人が、

〈選択肢の解釈〉
(1) もしこの友人がいなかったら、どんなにさびしい気持ちがしただろう。
(2) 「一」という文字さえ知らない者が、その足を「十」の字の形に踏んで遊ぶ。
(3) もみじの葉の色を添えて流れているので、浅いようには見えない山川の水だ。
(4) 荒い風を小萩の影になって防いでいた木が枯れたときより、小萩を思い、穏やかではありません。
(5) 世の中にある優れていることもとりとめもないことも考えてわかってしまえば夢のようなことだ

【問題⑬】傍線部(a)、(b)の「らむ」を、それぞれ文法的に説明せよ。

イ　狐狸などにてぞある(a)らむ、

ロ　産《う》め(b)らむ子、女子なら朕《ちん》が子にせむ。

（神戸大）

【課題文の解釈】

イ　狐・狸などであろう、

ロ　産んだような子（＝生まれた子）が、女の子なら私の子にしよう。

ポイント

【問題⑬】「らむ」の識別

答え

【問題⑬】(a)現在推量の助動詞「らむ」の連体形

(b)「ら」は完了の助動詞「り」の未然形、「む」は婉曲の助動詞「む」の連体形

【問題⑭】傍線部ⓐ〜ⓔの中に、伝聞・推定の助動詞が一つある。その記号を選べ。

イ　いかⓐなるありさまをしても
ロ　塞がれてさふらふⓑなれば
ハ　習いⓒなれば
ニ　ともかくもⓓなりたらば
ホ　苦しくⓔなりまされば

（駒澤大—営）

【課題文の解釈】

イ　どのような格好をしても
ロ　封鎖されているそうですので
ハ　（この世の）習いであるので
ニ　どちらともなってしまったならば（→死ぬようなことにもなったならば）
ホ　いっそう苦しくなったので

ポイント

【問題⑭】「なり」の識別

答え

【問題⑭】ⓑ

【問題⑮】 傍線部ⓐの「れ」、ⓑの「む」、ⓒの「なり」、ⓓの「るる」の意味として、最も適当と思われるものを、それぞれ次の中から選べ。

イ　ものもいはⓐれずなりぬ。

ロ　いで、なほここながら死なⓑむと思へど、

ハ　僧ども念仏のひまに物語するを聞けば、「このなくなりぬる人の、あらはに見ゆるところなむある。さて、近く寄れば、消え失せぬⓒなり。遠うては見ゆなり」

ニ　悲しうおぼえて、かくぞいはⓓるる。

（『蜻蛉日記』）

㋐ 断定　㋑ 受身　㋒ 尊敬　㋓ 可能　㋔ 自発

㋕ 伝聞　㋖ 意志　㋗ 適当　㋘ 当然　㋙ 推量

（立命館大―文・政策）

ポイント

【問題⑮】ⓐ・ⓓる・らる
ⓑむ
ⓒ「なり」の識別

答え

【問題⑮】
ⓐ㋓　ⓑ㋖
ⓒ㋕　ⓓ㋔

【課題文の解釈】

イ　何も言えなくなってしまった。

ロ　いや、やはりここにいるまま死のうと思うけれども、

ハ　僧たちが念仏の間に雑談しているのを聞くと、「この亡くなった人の姿が、はっきり見える所がある。そこで、近くに寄れば消えてしまうそうだ。遠くからなら見えるそうだ」

ニ　悲しく思われて、このように自然と歌が詠まれる。

【問題⑯】　傍線部の助動詞を終止形に改めて記せ。

あこきなめりと見ゆる。

※あこき＝人物

（立教大―法）

【課題文の解釈】

阿漕であるようだと思われる。

ポイント

【問題⑯】　音便

答え

【問題⑯】　**なり**

❶ 傍線部の「られ」は、上に「人に」と対象を表す格助詞「に」があるんだから受身。

(1)「御時」とあるから、意訳して「同じ時代に行われる歌合」と尊敬でとる。それに歌合は天皇主催で行われるものだからな。「らるる」を受身ととれないこともないが、(4)の「らるる」が絶対に受身なので、ここは尊敬。

(2)「筆を持って自然と何かを書き」と訳す。文意から自発。

(3)下に打消「ず」があるから可能。「忘れられない」だ。

(4)「しうと に ほめ らるる」と、対象を表す格助詞「に」があるから絶対受身！

❷ (a)「なべてならぬ法ども」が行われるんだから意味的には何だ？

(b)「られ」の下に「ぬ（打消）」があるな！

(c)「隆暁法印」が主語だ。

❸ 「自然と」は自発だろ！　自発といったら「る・らる」。「泣く」は四段活用だから「る」の方を使う。これで「泣かる」まで決まった。あとは上に「こそ」があるから已然形にすることを忘れるなよ！

❹ 品詞分解の問題で頻出!!　毎年必ずきかれる問題だ！

・浮かべ(e)る　（四段・已然／存）

❺ 「下れ(e)―らりるれ」の形にあてはまるので、「下れる」の「る」は、存続・完了の助動詞「り」の連体形。同じように「e―らりるれ」の形になっている選択肢は、(4)だけだな。

(1)過去の助動詞「けり」の連体形、「ける」の一部だ。

(2)上に対象を表す格助詞「に」があるので、受身の助動詞だな。なお、「さへ」は添加の副助詞だ。

(3)上に感情・心中を表す動詞があるので、自発の助動詞。

(5)可能の助動詞。P. 11にも例文でのせたが、「る」「らる」の助動詞は、中世の文では直後に打消がなくても可能を表す場合があるぞ。

❻ 傍線部の「せ」は、直後に尊敬語がないから使役！
選択肢を見ていくぞ！

(1) させる（連体詞）　ことのよせ　なけれ（打消）

さしも／させる → 打消　それほど〜ない

(2)「つかはす」自体に「させる」という使役の意味が入っているから、直後の「せ」が使役だと使役のダブルでおかしい。

(3) 大宮が主語だから、「きこしめさ」が尊敬語で、「れ」も尊敬。だったら、「せ」も尊敬で、「おはします」も尊敬語でいいんじゃないか。あと意味でいっても尊敬。

(4) (せば) 恋ひて死な (まし)（↓反実仮想）

(5) 家子侍ども (に)（対象を表す格助） くは (せ)（使） (られ)（尊） (けり)（過去）

7

(a)「にや・にか・にこそ」の「に」は断定だから、(a)には連体形が入る。「ず」の連体形には「ぬ」と「ざる」の二つがあるけどどっちだ？「に」は助動詞だから補助活用の「ざる」だと思うだろ？ だけど断定の助動詞「なり」に接続するときだけは補助活用にならないんだったな！

(b) 直後に「人々」という体言があるから連体形にする。

(c) 文末の空欄は係助詞に注意！ 上に「ぞ」がある。

8

(a)「なり」は四段動詞の連用形だな。「連用形＋ぬ」の「ぬ」は完了（強意）だ！

(b)・(d)・(e) ともに未然形に接続しているな。「未然形＋ぬ」の「ぬ」は打消。

(c)「うちとけ」は下二段動詞で、未然形も連用形も「うちとけ」になるが、下に「さま（体言）」があるので「ぬ」が連体形だとわかるな！ 連体形の「ぬ」は打消の助動詞だ。

9

傍線部「ん」は、直後に助詞「も」があるから仮定でいいな！ 選択肢行こう！

(1) 直後に助詞「に」があるから仮定。

(2) 直後に「と」があるから意志。

(3)「最後まで男と結婚させないことがあるだろうか、いやない」と訳す。推量。

10

(4)・(5) 直後に体言があるから婉曲。

「大将殿にや預けてまし」→「や…まし」だから「ためらい」をさがせばいいんだ。

(1) 聞かせたらむは⬇仮定（↓一般的に推量で受ける）

(2) 法師にやなりまし、死にやしなまし

(3)・(5) は単なる推量

(4) いづれ（＝疑問語）を梅とわきて折らまし

(6) 山中ならずは⬇仮定（↓一般的に推量で受ける）

⬇「まし」はまず訳ではなく形から入ってみろ！

11

(a) 後ろの「西行」がヒント！ 西行は平安末期〜鎌倉初期の人だから、鎌倉末期の兼好にとっては伝え聞くことでしか知ることのできない人だよな。じゃあ、「き」と「けり」のどっちだ？ あと活用は、直後に接助「を」があるから連体形にしてやる。

(b) 上に「語りし」とあるし、すばらしいと思ったのも筆者自身だろう！ じゃあ、「き」と「けり」どっちだ？ 上に「こそ」があるから已然形にしてやる。

⑫

傍線部の「し」は

・聞えし(人)が

連用→体験過去・連体

「聞ゆ」は下二だから未然・連用同形だけど、「未然＋し」なんてナイだろ！　だから「連用＋し」で、「し」の直後に「人」という体言が補えるんだから、この「し」は体験過去の助動詞「き」の連体形。

選択肢は、

(1) サ変。「心地」が「する」わけだから動詞だな！

(2)・(3)・(5)「し」を（　）でくくって除いても意味が通じる（しかも(3)と(5)は和歌）。強意の副助詞。

(4) 枯れしより

体験過去 連体 ／ 格助

⑬

(a) ぞあるらむ

ラ変 連体 ／ 現推

「らむ」の上には、「ある」とラ変の連体形がきているんだから、「らむ」は一語で終止形接続の助動詞だとわかる。

(b) 産め(e)ら｜む子

四段 已然 ／ 完 ／ 婉

「らむ」の上が「産め」と四段活用の已然形、もっと言えば伸ばしてeになるから、「ら」は完了・存続の「り」の未然形。「ら」は意味的に完了、「む」は直後に体言があるんだから…。

⑭

(a)「いかなる」で形容動詞の連体形。

(b)「さふらふ（候ふ）」が四段動詞だから、「さふらふ」を終止形でとれば、「なれ」は伝聞・推定の助動詞に、連体形でとれば、断定の助動詞になるのでひとまず置いておこう。

(c)「習ひ」が体言。体言に接続する「なり」は断定だな。

(d) 動詞。

(e)「苦しく」は、形容詞「苦し」の連用形。「連用形＋なり」の「なり」は動詞だったろ。

そう考えると、(b)以外に伝聞・推定の助動詞になる選択肢はないから、(b)の「さふらふ」を終止形でとり、「なれ」を伝聞・推定の助動詞と判断する。

⑮

(a) 直後に打消「ず」がある！

(b) 直後に「と」がある！

(c)「消え失せぬなり」は、形の上では二通りにとれるとわかるか？

「失《う》す」は下二で、未然・連用が同形だから（または「なり」が断定か伝推かで見ていっても）、

・消え失せぬなり

未然 → 連体 → 打 ／ 断

連用 → 終止 → 完 ／ 伝推

という二通りにとることができる。あとは文脈でどっちかに決めるんだけど、どう考えても「消えないのである」なんておかしよな！　それに「なり。」の後の文を見てみろ！「遠うては見ゆなり」の「なり」、これは形だけで伝推とわかるよな！　上が「見ゆ」と終止形だからな！（もし断定なら「見ゆる」のハズ）。また、この部分と「近く寄れば、消え失せぬなり」は対応しているから、片方が伝推で片方が断定なんてならないはずだ。

(d)　これは文脈！　悲しく思われたから、「ついつい・自然と」和歌が口ずさまれてしまうわけよ。消去法でもいける。

⑯

音便で一番聞かれるのは、「消える撥音便」の問題！

なるめり
　←撥音便化
なんめり
　←無表記形
なめり

必ずラ変型活用の連体形がこうなるんだったな！
ここでは、終止形を聞かれているんだから「なり」にすればいい。

2 超重要助詞

暗記100パーセント

	の	より
助詞の種類	格助詞	格助詞
重要意味	同格〔で〕 連用格〔～のように〕	即時〔～するとすぐに・～するやいなや〕 手段〔～で〕

格助詞でまず覚えてほしいのは、「の」と「より」の二つ。じゃあ「の」からいくぜ。

の

これはいくつか意味があるが、わかりにくい二つにしぼって覚えるぞ。

格助詞「の」➡❶同格〔で〕
❷連用格〔～のように〕

ほかにも意味はあるけど（主格の「の」～ガ　と訳すなど）、それは後の「暗記表」でばっちり覚えてくれ。それ以外は現代語と同じ。

まず同格の「の」は〝で〟と訳す

この〈同格〉っていうのは、文字通り、「の」の前と後が同じだってことを表している、ということ。

たとえば、〝すごい美人の彼女で頭のいい彼女〟のように、現代語では「で」が同格を表している。〝彼女〟という体言（＝名詞）が二回出てくるだろ。古文でもこういう解釈になったら同格なんだ。

じゃあ、古文の中でどんなふうに同格「の」が現れるか。それは形が決まっているんだ。まずはそれを覚えろ。形としては次のようになる。

体言＋の……連体形（＋を・に・が）

同じ体言を連体形の直後に補えたら ⬇ 同格

いいか。最初に出てきた体言を、連体形の直後に補っても意味が通じるなら（＝同じ体言が二回出てくる形になったら）、同格で訳すんだ。その場合、連体形の下に「を・に・が」があることが多い。

例文で確かめよう。必ず形と例文で覚えてくれ。

例文

色濃く咲きたる木の様体《ようだい》うつくしき（　）が侍《はべ》りしを

木：体言　うつくしき：形容詞・連体形

同じ体言「木」が、連体形の下（　）のところに入れられるよな。つまりこの「の」は

⬇ **同格**

だから訳すと、〈色濃く咲いている**木**で、姿が立派な**木**がございましたので〉となるんだ。

もう一つ同格の例文いってみよう！　くり返し暗唱しろよ！

例文

みめのうつくしき女房の、もの思ひ《イ》たる（　）が、物をもいは《ワ》でゐ《イ》たるに

女房：体言　たる：連体形・存続

訳すと、〈顔かたちの美しい**女性**で、もの思いにふけっている**女性**が、物も言わないで座っているのは〉となる。

バッチリ覚えたか？　格助詞の中でも、**同格**の「の」はしょっちゅう入試で出る。しかしコツさえつかめば簡単だから、しっかりクリアーしてくれ。じゃあ、次いこう。

連用格「の」は〝〜のように〟と訳す。

連用格って、「用言に連なる・係っていく」働きということ。〝〜のように〟→どうする、というふうに下の用言に続くんだ。

たとえば

例文

例《れい》の声いださせて

［訳……いつも**のように**声をださせて］

けっして〝例の声（いつもの声）〟じゃないことに注意！　この「例の」という形はよく出てくるから、このまま覚えてくれ。じゃあ、「より」にいくぞ。

より

これも今だって、「これより休憩！」とか「あいつよりお前のほうが好きだ」なんて言うね。これは古文にもあるから、今じゃ使われないものを覚えればいい。

格助詞「より」 ⬇ ❶ **即時**［〜するとすぐに・〜するやいなや］
❷ **手段**［〜で］

❶即時の「より」は〝〜するとすぐに・〜するやいなや〟と訳す。

「即時」は〝その時すぐに〟ということだ。例文で解釈してみる。

例文

まゐ《イ》りつくより
［訳……参上する**やいなや**］

じゃあもう一つ。

②手段の「より」は〝〜で〟と訳す。

例文は、次のだけでいい。

例文

徒歩《かち》より
［訳……徒歩**で**］

手段の「より」は、「徒歩《かち》より」「馬より」の二つの形だけ覚えればOK。「の」と「より」が格助詞では超頻出だけど、その他の格助詞も含めてここでまとめておこう。

【格助詞暗記表】

の・（が）	主格［が］	兼行が書ける扉［兼行が書いた扉（の文字が）］

の・（が）	連体格［の］	その竹の中に［その竹の中に］
	同格［で］	※本編参照
	準体格［のもの］	いにしへのは［昔のものには］
	連用格［～のように］	※本編参照・「が」には連用格はない。
して	手段［～で］	指の血して［指の血で］
	使役の対象［～に命じて］	楫取《かじと》りして［楫取りに命じて］
より	起点［～から］	大津より浦戸をさして［大津から浦戸を目指して］
	経過［～を通って］	前より行く水［目の前を通っていく流れ］
	即時［～するとすぐに・～するやいなや］	※本編参照
	手段［～で］	※本編参照
	比較［～と比べて］	都の空よりは雲の往《ゆ》き来《き》も早き心して［都の空と比べて雲の流れも早いような気がして］
に	強調［どんどん（すっかり）～する］	ただよわりによわりにければ［どんどんよわってしまったので］
	敬意［～におかれては］（高貴な人が主語の場合）	宮の御前《おまえ》にも［中宮《ちゅうぐう》様におかれても］

	助詞の種類	重要意味
ば	接続助詞	順接仮定〔〜ならば〕 順接確定〔〜ので・〜ところ・〜と〕
ながら	接続助詞	体言＋ながら〔〜のまま・〜全部〕
ものを	接続助詞	逆接〔〜のに・〜けれども〕 （逆接）詠嘆〔〜のになあ〕

接続助詞は次の三つが超重要。

ば（未然形接続／已然形接続）
ながら（体言に接続した場合）
ものを（連体形接続）

まずは、

ば

これも毎年入試に出るし、解釈でもポイントだ。上に**未然形**がくるか、**已然形**がくるかで訳し方が違うので注意。こういうところで、活用をがんばって覚えた効果を発揮できるというワケ。

❶ **未然形＋ば** ➡ **順接仮定条件［〜ならば］**
❷ **已然形＋ば** ➡ **順接確定条件［〜ので・〜ところ・〜と］**

ちなみに、**仮定**とは、まだ起っていないことを仮に考えてみること。**確定**とは、もう既に何かが起こったということだよ。

例文

雨降らば行かじ。
［訳……雨が降ったなら、行かないつもりだ。］
雨降れば行かざりけり。
［訳……雨が降る（降っている）ので、行かなかった。］

「**降ら**」は四段動詞の**未然形**。「**降れ**」は**已然形**だね。とくに「雨降れば」は現代語の仮定の意味と取り違えると、「雨が降ったら×」なんて訳してしまう。注意しような。

ながら

「ながら」は連用形接続の助詞で、その場合の意味は、現代語とそれほど違わない。だから入試用に覚えてほしいのは、よく出る**体言＋「ながら」**の方。**〝〜のまま・〜全部〟**と訳すことが多い。

体言＋（助詞）ながら ➡ 〜のまま・〜全部

例文

昔**ながら**
［訳……昔**のまま**］

六人**ながら**
［訳……六人**全部**］

この例文のまま覚えよう。じゃあもう一つ接続助詞。

ものを

「ものを」は連体形に続く助詞。意味は、一つは**逆接**で、**〝〜のに・〜けれども・〜のだが〟**と訳す。しかしこれは文中にある場合。もし文末にあったら、**（逆接）詠嘆（〜のになあ）**と訳してくれ。

例文

ふる里の女の前にてだに、つつみ侍《はべ》るものを、さる所にてをさをさ都《みやこ》に劣《おと》らざるものを。

[訳……実家の女(＝侍女)の前でさえ(学識を)かくしておりますのに、ましてそのような場所(＝宮中)で ⬇ 逆接]

[訳……ほとんど都に劣らないのになあ。⬇ (逆接)詠嘆]

文中にある「ものを」は逆接、文末にある「ものを」は(逆接)詠嘆で終助詞ととる。

他の接続助詞もまとめておこう。上の活用形は、その活用形に接続するものということ。

【接続助詞暗記表】

活用形	助詞	意味	例
未然(2つ)	で	打消[〜ないで]	咲かで[咲かないで]
	ば	順接仮定[〜ならば]	※本編参照
連用(4つ)	して	単純接続[〜て]	ゆるくして[寛容で]
	て	単純接続[〜て]	春過ぎて[春が過ぎて]
		逆接[〜のに]	目には見て手にはとられぬ[目には見えるのに手に取ることができない]

接続	助詞	意味	用例
連用（4つ）	つつ	反復〔～ては〕	漕《こ》ぎつつ〔漕いでは〕
		同時進行〔～ながら〕	漕ぎつつ〔漕ぎながら〕
	ながら	同時進行〔～ながら〕	食ひながら〔食べながら〕
		逆接〔～ながらも・～けれども〕	見ながら〔それを見ながらも〕
終止（2つ）	とも	逆接仮定条件〔～ても〕	別かるとも〔別れても〕
	と		※用例がほとんどないので覚えなくてもよい。
連体（7つ）	に	順接確定条件〔～ので・～ところ・～と〕	行くに〔行くと〕
	を	逆接確定条件〔～のに・～けれども〕	行きたるを〔行ったのに〕
	が	単純接続〔～が〕	女二人ありけるが〔娘が二人いたが〕
		逆接〔～のに・～けれども〕	定められたりしが〔決められていたのに〕
	ものの	逆接確定〔～のに・～けれども〕	頼まぬものの〔もうあてにはしていないものの〕
	ものから		落つるものから〔落ちるけれども〕
	ものを		来しものを〔来たのに〕
	ものゆゑ		誰《た》が秋にあらぬものゆゑ〔秋は誰のものでもない、世間すべてに一様に来るものなのに〕
已然（3つ）	ば	順接確定条件〔～ので・～ところ・～と〕	※本編参照
	ど	逆接確定条件〔～けれども〕	行けど〔行くけれども〕
	ども		

	だに	さへ	し
助詞の種類	副助詞	副助詞	副助詞
重要意味	類推〔～さえ〕 最小限願望〔せめて～だけでも〕	添加〔～までも〕	強意〔特に訳さない〕

副助詞では、解釈問題のポイントとなる「だに」「さへ《エ》」と、助動詞のところでちょっと出てきた「し」を覚えてくれ。まず、

だに

副助詞では一番手こずるのが「だに」だ。

だに　❶**類推【〜さえ】**
❷**最小限願望【せめて〜だけでも】**

❶類推と❷最小限願望、それぞれ説明するよ。

❶【類推の「だに」】

まず、**軽いものをあげて重いものを類推**する意味の場合は、「さえ」と訳す。「だに」の後に「まして」が続いて、

〜だに……、まして―は……【〜さえ…、まして―は…】
軽いもの ➡　**重いもの ➡**

という形で出てくることが多いから、まず「まして」を探してみる。「まして」以下が省略されていて、具体的に書いていないこともあるが、そういうときは自分で補ってみる。

例文はくり返し読め！

例文

田舎《いなか》世界の人だに見るものを、

［訳……田舎に住む人でさえ（上京して）見る〈まして都の人なら絶対見る〉のに、］

何が軽いもので、何が重いものか、わかる？　〃田舎に住む人〃という軽いものをあげて、〃都の人〃という重いものを類推させているだろ。この例文は、「まして」以下が省略されていて、具体的に書いていない例なんだ。

じゃあ、もう一つの方にいこう。

❷【最小限願望の「だに」】

最小限願望の意味のときには、下に意志・命令・願望・仮定がくることが多い。つまり、〃せめて〜だけでもしよう（意志）・しろ（命令）・願望・するとしたら（仮定）〃などと訳すワケだ。

例文

御文をだに物《もの》せさせたまへ《エ》

［訳……せめてお手紙だけでもお書きなさい］（命令形）

ちなみにこの「物せ」は終止形「物す」で、いろいろな意味の動詞の代理になり（サ変動詞の「す」と同じ)、〃ある・いる・行く・来る・言う・する・作る・書く・思う・聞く〃などの意味になることがある。英語の代動詞doと同じだね。ここでは前後から推定して訳し変えればいい。手紙をなんとかする、というんだから「手紙を書く」でいいだろ。

さへ

これも現代語「さえ」と区別してくれ。

「さへ《エ》」は〃(…に加えて)~までも〃と訳す。

古文の「さへ」は添加《てんか》の意味なんだ。つまり、〃Aに加えて、Bまでも〃ということ。だから、〃千円さえくれればいい〃みたいな現代語とは違うんだ。これはみんな間違えているぞ。注意!

例文

空のけしきなどさへ、あやしうそこはかとなくをかしきを

〔訳……〔地上の景色も趣深いが、それに加えて〕空の様子などまでがどことということもなく趣深いのを〕

じゃあ最後は、これまでにも登場している「し」だ。

し

あってもなくても意味が変わらないのが、強意の「し」だったろ（P.51の❷参照）。
接続助詞の「ば」と呼応して、「〜し…ば」の形をとることが多い。

例文

ひばりあがり心悲しもひとりし思へば

［訳……ひばりが舞いあがって、なんとなく悲しいことよ、ひとりで物思いにふけっていると］

「し」をとって、「ひとり思へば」でも意味が変わらないだろ。ところで「悲しも」の「し」は形容詞の語尾だからな。

副助詞「し」は、「しも」（副助詞「し」＋係助詞「も」）となっても同じ意味。

例文

などかくしも読む

［訳……どうしてこのように読むのか］

「しも」をとって、「などかく読む」で意味は通じるね。

副助詞はこのへんでいい。ほかのものをまとめてしまおう。

【副助詞暗記表】

すら	類推［〜さえ］	ただの人すら［普通の人でさえ］
のみ	限定［だけ］ ※たまに「ばかり」と訳すこともある。	波の白きのみぞ［波の白いのだけが］
ばかり	程度［ごろ・ほど］	大納言《だいなごん》ばかりに［大納言ほどの人に］
	限定［だけ］	今年ばかりのいとま［今年だけの猶予］

演習問題

【問題❶】それぞれの訳を書け

の……同格①（　　　　）
連用格②（　　　　）

より……即時（〜するとすぐに・〜するやいなや）
手段③（　　　　）

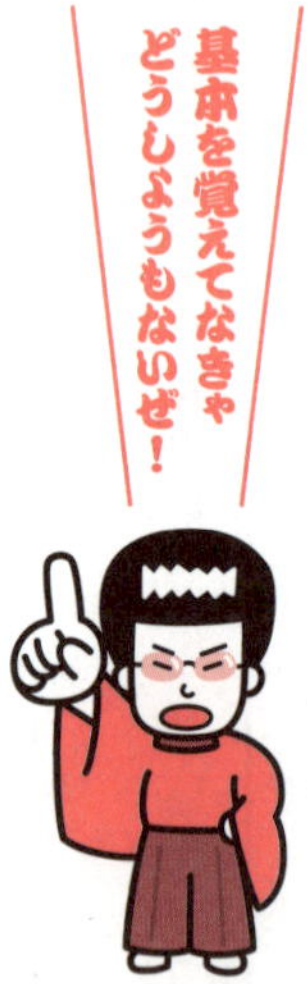

答え

【問題❶】
①で
②〜のように
③〜で

【問題❷】それぞれの訳を書け

未然形＋ば………順接仮定条件④（　　）

已然形＋ば………順接確定条件（～ので・～ところ・～と）

体言＋ながら……⑤（　　）

ものを（文中）…逆接⑥（　　）

ものを（文末）…詠嘆⑦（　　）

【問題❸】それぞれの訳を書け

だに……軽いものをあげて重いものを類推⑧（　　）

最小限願望⑨（　　）

さへ……添加⑩（　　）

し………強意⑪（　　）

【問題❷】
④～ならば
⑤～のまま・～全部
⑥～のに・～けれども・～のだが
⑦～のになあ

【問題❸】
⑧～さえ
⑨せめて～だけでも
⑩～までも
⑪特に訳さない

	ぞ なむ	や か	こそ
助詞の種類	係助詞	係助詞	係助詞
重要意味	強調（結びは連体形）	疑問・反語（結びは連体形）	強調（結びは已然形）

係り結び

係助詞や係り結びは、中学からやってるから、イヤというほど見てきてる？　じゃ、なんであんなに間違えるんだ？　もう一度確認するぞ。強調して、文末に力を及ぼすんだ。

ぞ（強調）
なむ（強調）
や（疑問・反語）
か（疑問・反語）
——（結びは）**連体形**

こそ（強調）——（結びは）**已《い》然形**

係り結びをする係助詞は右の五つだけ。このうち強調の係助詞が三つあるが、強さは、

こそ《強》 ＞ **ぞ** ＞ **なむ**《弱》

の順で、「なむ」が一番弱い。空所補充問題で、もし**会話の中だったら、「こそ・ぞ」ではなく、この一番軽い強調の「なむ」を入れる**ことが多い。

それから**係り結びをしない係助詞**を知ってるか？

は（強調）
も（強調）
——（終止形）

この二つは係り結びにならないんだったね。現代語でも、「私は」「私も」のように使う。解釈もそのまま「は」「も」でいい。

さて、じゃあ、係助詞を含む決まった言い回しを二つ覚えてくれ。

「もぞ」「もこそ」は、“(～すると)困る・大変だ”と訳す。「もぞ」の結びは連体。「もこそ」の結びは已然。

困った事態を想像して、そうなると嫌だなあ、困るなあという懸念を表す感じの言い方。

例文はくり返し読め！

例文

さかしらする親ありて、思ひ《イ》もぞつくとて

[訳……でしゃばる親がいて、(息子が召使いの娘への)愛情が付くと困ると思って]

「やは《ワ》」「かは《ワ》」は反語の意味だよ(たまに疑問)。特に「やは」「かは」はよく出てくる。

例文

浅くは人を思ふ《ウ》ものかは

[訳……浅い心であなたを愛していたでしょうか、いやそんなことはございません→深くあなたを愛していました]

ここで差がつく＋α

〈こそ―係り結び〉で文が終わらない場合

↓ 逆接で訳す

「こそ」は已然形で結ぶ、これはいいよな。でも、もし「こそ」を已然形で結んだとき、**結びの已然形の下に「、（読点）」があったら、逆接（のに・けれども・のだが）で訳す**んだ。例文で見てみるよ。

例文

人の召しに従《したご》うてこそ参れ、

［訳……人によばれてから参上する のに］

身にしみけむかしと思は《ワ》せたるこそ、心にくくも、優にも侍《はべ》れ、

［訳……さぞ身にしみたことだろうよと（読者に）思わせたのが、奥ゆかしくも優美でもございます のに］

というわけで、文中の

こそ　—　已然(　)… ⬇ **これは逆接**

この公式を覚えてくれ！　よく出るぞ！

入試必勝！秘伝テク

係り結びの原則

❶係り結びは原則として内は内で結び、外は外で結ぶ。

言ってることわかるか？　入試問題の例をあげるよ。

〔問〕係り結びの結びとなっているものを、選びなさい。

誰《たれ》てふ《チョウ》もの狂《ぐる》ひ《イ》か、われ、〈人にさ思は《ワ》れ(a)む〉とは思は(b)む。

（早大・法）

「もの狂ひか」の「か」が、「ぞ・なむ・や・か・こそ」の「か」というのはいいな。だから、この「か」の結びを探せばいいんだけど…。ここで「人にさ思はれむ」の(a)「む」を選んでは間違い。なぜか。

直後に「と」があるだろ。「と・など・とて」とあったら、その上を「　」でくくるから、それは別の世界（会話文とか心の中のことば）になって、外から係ってくることはできない。

つまり「もの狂ひか」の「か」は、下の「思はむ」の(b)「む」に係っているんだよ。

❷係り結びの消滅

文中の係助詞（ぞ・なむ・や・か・こそ）の結びの直後に語（**接続助詞**が一番多い）が続くことにより、係り結びが成立せず、結びが消滅してしまうことがある。

例文

さこそおぼすらめども、おのれは都に久しく住みて

〔訳……そうお思いになっているだろうけれども、自分は都に長く住んで〕

「こそ」の結びとして「らめ」（現在推量・已然形）となるべきところが、接続助詞の「ども」が続くことにより「…ども、おのれは…」と続いていくので、結びが消滅したんだ。

例文

たとひ耳鼻こそ切れ失すとも、命ばかりはなどか生きざらむ

〔訳……たとえ耳や鼻が切れてなくなるとしても、命だけはどうして助からないことになるだろうか、いや、助かるだろう。〕

「こそ」の結びとして「切れ失すれ」（下二・已然形）となるべきところが、接続助詞の「とも」が続くことによって「…とも、命ばかりは…」と続いていくので、結びが消滅したんだよ。

cf.「いかで」「いかが」「など」「いかに」などの疑問・反語の副詞も結びは**連体形**で結ぶが、これは係り結びではないぞ。

	な——そ	なむ	ばや
助詞の種類	終助詞	終助詞	終助詞
重要意味	禁止（～するな）	他者への願望（～してほしい（なあ））	自己の願望（～たい）

終助詞で覚えてほしいのは禁止の表現（いろいろあるよ）と、願望の「なむ」と「ばや」だ。

じゃあ、いくよ。

〈禁止の表現〉
あなかしこ――な
ゆめゆめ――な
ゆめ――な
な――そ
――な

⬇

（決して）～するな

これらはすべて禁止の表現だ。文の最後の「な」が禁止の終助詞だよ。それに対して、「な――そ」だけは、「な泣きそ」のように「な」が上にくる。この「な」は副詞で、最後の「そ」が終助詞だ。
「な」と「そ」の間には通常「連用形」がくるが、カ変・サ変の場合は「未然形」がくる！

例文はくり返し読め！

例文

あなかしこ 人に語り給ふ《ウ》な
［訳……決して人に話しなさるな］

ゆめ この雪落とすな
［訳……決してこの雪を落とすな］

な 大殿ごもりおは《ワ》しまし（連用形）**そ**

［訳……おやすみなさいます**な**］

じゃあ次にいこう。

なむ ▶ ばや

終助詞「なむ」は願望の意味だ。未然形にくっつく。「ばや」も同じく未然形について願望の意味。ただしここに落とし穴がある。

なむ ⬇ 他者への願望　（他人に）～してほしいなあ、してくれよ　の意味
ばや ⬇ 自己の願望　（自分が）～たい　の意味

だから「花咲かなむ」は、花が咲いてほしい、ということ。「咲きたい」じゃない。「物語読まばや」は、物語を（自分が）読みたい、ということ。

「なむ」の区別

「～なむ」の形になるのには、いろいろとある。それぞれ意味が違うんだ。ポイントは、「なむ」の上に何形がきているか。じゃあいくよ。

❶未然形＋なむ

になっていたら➡「なむ」一語で他者への願望を表す終助詞〔してほしい（なあ）〕

例文

花 咲か《未然形》 **なむ**《終助詞》

［訳……花が咲いて**ほしい**］

❷連用形＋なむ

になっていたら ➡「な」と「む」が切れる。「な」は強意の助動詞「ぬ」の未然形、「む」は推量・意志・勧誘などの助動詞で、合わせて〝きっと〜だろう〟の訳が一番出る。

例文

花　咲き（連用形）　な（強意）む（推量）

［訳……きっと（強意）花が咲くだろう（推量）］

❸体言・助詞・連体形・副詞＋なむ

になっていたら ➡「なむ」は係助詞（係り結びで強調になっている）。

例文

花（体言）　なむ（係助詞）　咲き　ける（連体形）

［訳……花が咲いたよ！］

体言や助詞だけじゃなくて、たまに「なむ」は形容詞の連用形「――く（う）」や形容動詞の連用形「――に」、打消の助動詞「ず」の連用形にもつく。ようするに「――く(う)なむ」「――

になむ」「――ずなむ」の「なむ」は係助詞で、結び（連体形）の省略と覚えておこう。

例文

やさしくなむ

［訳……つらいことです／優美なことです］

※直後に「ある」が省略されている

例文

何ともおぼゆまじくなむ

［訳……何とも思われるはずがありません］

※直後に「ある」または「あらむ」が省略されている

❹ナ変動詞＋む

になっていたら、「な」は動詞の一部で、「む」は推量・意志など

たとえば「死なむ」の場合 ⬇ 「死な」でナ変動詞の未然形。

さあOKかな？「なむ」の識別は、常に**「なむ」の上の語に注意**するんだよ。これも例文と訳で暗記してくれ。

じゃあ、次に終助詞をざっとまとめよう。とにかく、文の終わりにくる助詞だね。

【終助詞暗記表】

なむ	他者への願望［〜してほしい（なあ）］	未然形に接続
ばや	自己の願望［〜たい］	未然形に接続
しか てしか にしか （※この三つはあまり出ない） てしかな（てしがな） にしかな（にしがな）	自己の願望［〜たいものだ］	連用形に接続
かな かも な	詠嘆［〜だなあ］	かな・かもは連体形に接続

願望：願ったり望んだりする気持ち

詠嘆：なげく気持ち

もが もがも もがな がな	実現不可能《そうなりそうもないこと》・困難な願望 ［〜だったらいいのになあ］	体言 or 形容詞の連体形に接続
かし	念を押す［〜よ！ 〜ね！］ ※係助詞「ぞ」がくっついた「ぞかし」は文末強調（だ！ よ！ ね！）	文末
ぞ	念を押す［〜よ！ 〜ね！］	文末

ここで差がつく＋α

間投助詞の「や・よ・を」

ここでついでに、**間投助詞**も一まとめしちゃおう。

や・よ・を　**詠嘆（よ！　ね！　なあ！）**

例文

あなめでたや。

［訳……ああすばらしいよ。］

例文

さればよと思うに

［訳……やっぱりなあと思うけれども］

省いても意味が同じなら間投助詞。ただ「や」には係助詞（疑問・反語）の場合もあるけど、見分け方がないので、前後の関係から決めるしかない。

演習問題

【問題❶】次の係助詞の意味と、結びの活用形を書け

ぞ……強調　①（　　形）

なむ…強調　②（　　形）

や……③（　　）　④（　　形）

か……⑤（　　）　⑥（　　形）

こそ…強調　⑦（　　形）

【問題❷】訳または意味（用法）を書け

もぞ・もこそ…………⑧（　　）

やは・かは……反語

こそ―已然形、――。…………⑨（　　）

【問題❸】禁止の表現を完成させよ

あなかしこ――⑩（　　）

ゆめゆめ――⑪（　　）

答え

【問題❶】

①連体

②連体

③疑問・反語

④連体

⑤疑問・反語

⑥連体

⑦已然

【問題❷】

⑧（～すると）困る・大変だ

⑨逆接

ゆめ――⑫（　　）
な――⑬（　　）
――な

【問題❹】「なむ」の識別のポイントを完成させよ

⑭（　　形）＋なむ→願望の終助詞「なむ」
⑮（　　形）＋なむ→完了「ぬ」＋推量「む」
体言・助詞・連体形・副詞＋なむ→⑯（　　）
ナ変動詞＋む→ナ変動詞の一部＋む

【問題❸】
⑩な
⑪な
⑫な
⑬そ
【問題❹】
⑭未然
⑮連用
⑯係助詞「なむ」

入試問題にチャレンジ 助詞編

【問題❶】傍線部「の」と文法上同一のものはどれか。次の中からそれぞれ一つずつ選べ。

或る武者のひとり子の、六つ七つばかりに侍りしが、

(1) 灌仏のころ、祭のころ、若葉の梢涼しげに茂りゆくほど、

(2) この歌はある人のいはく、柿本人麻呂のなり。

(3) その時見たる人の、近くまで侍りしが、語り侍りしなり。

(4) よき人の、のどやかに住みなしたる所は、

(5) をしと思ふ人やとまると葦鴨のうちむれてこそ我は来にけり

（東洋大）

【課題文の解釈】

ある武士の一人っ子で、六つ七つぐらいでございました子が、

〔選択肢の解釈〕

(1) 灌仏会のころ、葵祭のころ、若葉梢が涼しそうに茂ってゆくころには

(2) この歌はある人が言うことには、柿本人麻呂の歌である。

(3) そのとき、そばで見ていた人が最近まで生きていましたが、こんな話をしてくれました。

(4) 身分・教養が高い人がのんびりと物静かに住みついているところは

(5) 名残り惜しいと思う人が、もしや留まってくださりはしないかと思って葦鴨のように大勢連れ立って私たちはやって参りました

ポイント

【問題❶】課題文の「の」は、過去の助動詞「き」の連体形「し」と「が」の間に、「の」の上の体言「子」を挿入して意味が通じるので同格だな！

答え

【問題❶】(3)

【問題❷】傍線部(a)・(b)の「に」の違いを文法的に説明せよ。

世(a)にはやるといふ事どもを見聞く(b)に、

（大分大）

【課題文の解釈】
世間で流行するといういろいろな事柄を見聞きすると、

ポイント

【問題❷】「に」の識別

答え

【問題❷】
(a) 格助詞
(b) 接続助詞

【問題❸】傍線部の「ば」と異なる用法の「ば」を、次の文の傍線部(a)〜(d)の中から一つ選べ。

言はせたまひしかば、

(1) 梅の木の枯れたりしか(a)ば、求めたまひしに、
(2) 「求めよ」とのたまひしか(b)ば、一京《ひときやう》まかり歩《あり》きしかども、
(3) 勅なれ(c)ばいともかしこしうぐひすの宿はと問は(d)ばいかが答へむ（和歌）

（中央大―文）

【課題文の解釈】
言わせなさったので、

〔選択肢の解釈〕
(1) 梅の木が枯れていたので、（帝は代わりの木を）探させなさったところ、
(2) 「探し求めよ」とおっしゃたので、（私は）京じゅうを歩きまわりましたけれども、
(3) 帝のご命令ですので、たいそうおそれ多いことです。（この梅の木はもちろん献上いたしましょう。けれどもこの木を宿としていた）鶯が（またやって来て）「自分の宿は（どうなったのか）」とたずねたら、どのように答えましょうか。

ポイント

【問題❸】課題文の「ば」の上の「しか」は、過去の助動詞「き」の已然形。「已然形＋ば」は順接確定条件だな。選択肢の中で順接確定条件でないものを探せ！

答え

【問題❸】(d)

【問題❹】傍線部「ながら」と、同じ意味で使用されている例として、最も適当なものを次の⑴〜⑸から一つ選べ。

「壺ながら遠く棄てむ」と云ひて、

⑴ ちょっとお見舞ひながらお歳暮にもあがりますので（浮世風呂）
⑵ すべて折につけつつ、一年ながらをかし（枕草子）
⑶ 日は照りながら雪の頭に降りかかりけるを（古今集）
⑷ 書きさしたるやうなる（歌）を、喜びながら奉れる（源氏物語）
⑸ 身はいやしながら、母なむ宮なりける（伊勢物語）

（関西学院大―社学）

【課題文の解釈】
「壺のまま遠くへ捨てよう」と言って、

ポイント

【問題❹】
「壺ながら」だから「体言＋ながら」、「ながら」の上に体言がきているのは一つだけだろ！

答え

【問題❹】⑵

〈選択肢の解釈〉
⑴ ちょっとお見舞いをしがてら、お歳暮にもうかがいますので、
⑵ すべて時期に応じて、一年中趣きがある。
⑶ 日は照っているものの、雪が頭に降りかかっていたのを
⑷ 書き途中のような歌を、喜びながら差し上げなさる
⑸ 身分は低いけれども、母は宮であった

【問題❺】傍線部ⓐ・ⓑの助詞の文法上の意味について記した左記各項の中から最も適当なものを一つ選び、番号で答えよ。

宿思ふ我が出づる(a)だにあるものを涙(b)さへなどとまらざらむ

(1) ⓐは、類推の意を表し、ⓑは、添加の意を表している。
(2) ⓐは、願望の意を表し、ⓑは、反語の意を表している。
(3) ⓐは、強調の意を表し、ⓑは、詠嘆の意を表している。
(4) ⓐは、類推の意を表し、ⓑは、詠嘆の意を表している。
(5) ⓐは、願望の意を表し、ⓑは、添加の意を表している。
(6) ⓐは、強調の意を表し、ⓑは、反語の意を表している。

（立教大―文）

【課題文の解釈】
あなたの住む家を出ることさえ悲しいのに、涙までも流れ落ちてどうして止まらないのだろう。

ポイント

【問題❺】「だに」といったら、類推（〜さえ）と最小限願望（せめて〜だけでも）。また、副助詞の「さへ」には添加の意味しかないことも覚えておこう。

答え

【問題❺】(1)

【問題❻】傍線部「身をし分けねば」の「し」は、文法上、どのように扱われるか。次の①〜④の中から正しいものを選べ。

思へども身をし分けねば目かれせぬ雪の積もるぞわが心なる（和歌）

①サ行変格活用動詞「す」の連用形　②過去の助動詞「き」の連体形
③強調を表す助詞　④形容詞「身をし」の語尾

（中央大―経）

【課題文の解釈】
（いつも主君のおそばにいたいと）思っていますけれども、我が身を二つに分けることはできませんので、絶え間なく降る雪が積もって帰れませんのは、私の望む心であります

ポイント

【問題❻】「し」を（　）で除いても意味は変わらないな！　さらに「〜し…ば」の形にもなっている。ダメ押しでこれは和歌だ。

答え

【問題❻】③

【問題❼】傍線部「さしも」の文法的説明として正しいものを①〜⑤の中から一つ選べ。

年来《としごろ》はさしもあらで、

① 接頭語＋副助詞＋係助詞
② 接頭語＋助動詞＋係助詞
③ 副詞＋副助詞＋係助詞
④ 副詞＋副助詞＋終助詞
⑤ 副詞＋助動詞＋終助詞

（明治大―政経）

【課題文の解釈】
この数年の間はそれほどでもなくて、

ポイント

【問題❼】
「さ」は指示副詞。「しも」は副助詞「し」＋係助詞「も」。「しも」一語で副助詞ととる説もある。

答え

【問題❼】③

【問題❽】空欄を埋めるのに最も適当なものを次の①～⑤の中から選べ。

昔《いにし》へ人を思ひ出でて、いづれの時にか［　　］。今日はまして、母の悲しがらるることは。

①わすらる　②わする　③わすれよ　④わすれる　⑤わするる

（早稲田大―社）

【課題文の解釈】
亡くなった子を思い出して、いつ忘れることがあろうか、いや忘れることはない。今日はまして、母親がお嘆きになることといったら。

ポイント

【問題❽】
上に「か」があるんだから結びは連体形。

答え

【問題❽】⑤

【問題⑨】空欄に該当する一字を記入せよ。

後《うし》ろ安《やす》からぬかたにやなどは、な疑ひ給《たま》ひ［　］。

（西南学院大―経・文）

【課題文の解釈】

気がかりな扱いをされるのではなどとは、疑いなさるな。

【問題⑩】波線部「なむ」の説明として最も適当なものを次の①～④の中から一つ選べ。

「末の世にも、集などにも入りなむ。」とありければ、

① 係助詞　② 終助詞　③ 動詞の一部＋推量の助動詞

④ 強意の助動詞＋推量の助動詞

（西南学院大）

ポイント

【問題⑨】「な―そ」で禁止の表現。

答え

【問題⑨】そ

ポイント

【問題⑩】「入り」は四段動詞の連用形。「連用形＋なむ」の「なむ」は、「な」と「む」が切れる。「な」は完了（強意）の助動詞で、「む」は推量の助動詞。

答え

【問題⑩】④

【課題文の解釈】
「後の時代には、きっと歌集にも入るだろう」とおっしゃったので、

【問題⑪】波線部(a)〜(d)の「なむ」のうち、文法的に異なっているものを一つ選べ。

イ　富みたる女に(a)なむありける。
ロ　恨むることもあり(b)なむなど、
ハ　胸に(c)なむすゑたりける。
ニ　かき抱きて(d)なむ寝にける。
（千葉大）

【課題文の解釈】
イ　裕福な女であった。
ロ　恨んでいることもきっとあるだろう、などと、
ハ　胸にあてていた。
ニ　抱きかかえて（そのまま）寝てしまった。

ポイント

【問題⑪】(a)・(c)・(d)「助詞＋なむ」の「なむ」は強意の係助詞。いずれも「ける」が過去の助動詞「けり」の連体形で、「なむ―連体形」の係り結びになっている。(b)「あり」はラ変動詞の連用形。「連用形＋なむ」の「なむ」は、「な」と「む」で切れる。「な」は完了(強意)の助動詞で、「む」は推量の助動詞だ。

答え

【問題⑪】(b)

【問題⑫】傍線部ⓐ・ⓑの文法的説明として最適なものを、それぞれ次の㋐～㋔から選べ。

イ『……』となん思ふ」と仰せらるるに、
ロ『……』と思ひなんや。

㋐ 係助詞　㋑ 間投助詞　㋒ 終助詞
㋓ 助動詞＋助動詞　㋔ 動詞の活用語尾＋助動詞

（青山学院大―文）

【課題文の解釈】
イ『…』と思う」とおっしゃるので、
ロ『…』と思うだろうか。

ポイント

【問題⑫】「なむ」の識別
ⓐ直前の「と」は助詞。助詞につく「なむ」は係助詞だ。
ⓑ直前の「思ひ」は連用形。連用形＋「なむ」は、「な」と「む」に切れる。

答え

【問題⑫】
ⓐ ㋐　ⓑ ㋓

3
ホトケ心の大補習
動詞・形容詞・形容動詞 完全暗記

動詞

これが基本中の基本。動詞の活用は全部で九種類ある。多そうだけど、これも覚え方にコツがある。

四段・上二段・下二段・上一段・下一段（以上五つが正格活用…規則的な変化）
カ行変格活用・サ行変格活用・ナ行変格活用・ラ行変格活用（以上四つが変格活用…不規則な変化。〝カサナラ変〟と覚える。）

このうち下一段は「蹴《け》る」一語。変格活用も数少ない。こういうのは例外だから単語ごとマル暗記する。

数の少ない活用型

下一段活用………「蹴《け》る」一語
カ行変格活用……「来《く》」一語

サ行変格活用……「す」「おはす《ワ》」二語
ナ行変格活用……「死ぬ」「往《い》ぬ（去《い》ぬ）」二語
ラ行変格活用……「あり」「をり」「侍り」「いまそかり」の四語

これに加えて上一段は「干《ひ》る」「射《い》る」「着る」「見る」「似《に》る」「煮《に》る」「居《ゐ》る」「率《ゐ》る」の八個を覚える。

他に「おもんみる」とかあるけど、これは「みる」の上に「おもん」がついているだけ。

そして動詞の大半を占めるのは、四段活用、上二段活用、下二段活用。

この見分け方は、打消の助動詞「ず」（ナイ）をつけて

「書かず」と、a《ア》段の音につけば、➡四段活用
「起きず」と、i《イ》段の音につけば、➡上二段活用
「受けず」と、e《エ》段の音につけば、➡下二段活用

【動詞　正格活用】

ともかく悪夢に出るくらい暗記して覚えろ！

活用の種類	基本形	語幹	未然形［～ズ］	連用形［～テ］	終止形［～。］	連体形［～コト］	已然形［～ドモ］	命令形［～。］
四段	咲く	咲	か	き	く	く	け	け
	降る	降	ら	り	る	る	れ	れ
	飛ぶ	飛	ば	び	ぶ	ぶ	べ	べ
	借《か》る	借	ら	り	る	る	れ	れ
上二段	落《お》つ	落	ち	ち	つ	つる	つれ	ちよ
	過《す》ぐ	過	ぎ	ぎ	ぐ	ぐる	ぐれ	ぎよ
	老《お》ゆ	老	い	い	ゆ	ゆる	ゆれ	いよ
	悔《く》ゆ	悔	い	い	ゆ	ゆる	ゆれ	いよ
	報《むく》ゆ	報	い	い	ゆ	ゆる	ゆれ	いよ
	恨《うら》む	恨	み	み	む	むる	むれ	みよ

コレに続けて読むと↑覚えやすい。

四段：
※四段が一番多いんだ。
※「借《か》る」「足《た》る」「飽《あ》く」は四段（上二段ではない）。

上二段：
※「老《お》ゆ」「悔《く》ゆ」「報《むく》ゆ」の三語はヤ行。ア行じゃないぞ。これも頻出事項。
※「恨む」はマ行上二。

下二段	受く	受	け	け	く	くる	くれ	けよ	※「植《う》う」「飢《う》う」「据《す》う」の三語はワ行下二段。「据《す》えて」じゃなくて「据《す》ゑ《エ》て」だ。ワ行は「ゑ」に注意。
	捨《す》つ	捨	て	て	つ	つる	つれ	てよ	
	据《す》う	据	ゑ	ゑ	う	うる	うれ	ゑよ	
	得《う》	○	え	え	う	うる	うれ	えよ	↓ア行
	経《ふ》	○	へ	へ	ふ	ふる	ふれ	へよ	※「得《う》」「経《ふ》」「寝《ぬ》」の三語は語幹と語尾の区別がない。また連体形の読みに注意。
	寝《ぬ》	○	ね	ね	ぬ	ぬる	ぬれ	ねよ	※「見ゆ」「覚《おぼ》ゆ」「聞こゆ」「絶ゆ」「越ゆ」はヤ行下二段の代表。
	見ゆ	見	え	え	ゆ	ゆる	ゆれ	えよ	
上一段	見る	○	み	み	みる	みる	みれ	みよ	※他に「似る」「干《ひ》る」「煮る」。
	着る	○	き	き	きる	きる	きれ	きよ	
	射《い》る	○	い	い	いる	いる	いれ	いよ	↓ヤ行
	居《ゐ》る	○	ゐ	ゐ	ゐる	ゐる	ゐれ	ゐよ	↓〔いる・すわる〕ワ行
	率《ゐ》る	○	ゐ	ゐ	ゐる	ゐる	ゐれ	ゐよ	↓〔引き連れる〕ワ行
下一段	蹴る	○	け	け	ける	ける	けれ	けよ	〔命令形は蹴ろ、じゃない〕 ※「蹴る」だけ。

【動詞　変格活用】

「下一段」と変格活用は、とにかく語数が限られている。例外なんだ。だから単語ごと覚える。

活用の種類	基本形	語幹	未然形［〜ズ］	連用形［〜テ］	終止形［〜。］	連体形［〜コト］	已然形［〜ドモ］	命令形［〜。］	←コレに続く。
カ変	来《く》	○	こ	き	く	くる	くれ	こ(よ)	※「来」だけ。
サ変	す	○	せ	し	す	する	すれ	せよ	※下二段との区別に注意
	おは《ワ》す	おは	せ	し	す	する	すれ	せよ	〔いらっしゃる〕
ナ変	死ぬ	死	な	に	ぬ	ぬる	ぬれ	ね	※この二つだけ
	往《い》ぬ	往	な	に	ぬ	ぬる	ぬれ	ね	〔いってしまう〕
ラ変	あり	あ	ら	り	り	る	れ	れ	※他に「をり」「いまそかり」だけ。
	侍り	はべ	ら	り	り	る	れ	れ	

夢に出るくらい暗記しろよな！

形容詞・形容動詞

形容詞・形容動詞って？

(1)ともかく事・ものの性質や状態や感情を表す。

(2)言い切りが必ず「――し」で終わるのが形容詞（美し）。

「――なり」（つれづれなり）「――たり」（堂々たり）で終わるのが形容動詞。

(3)形容詞は「ク活用」「シク活用」の二種類。

「なる」につづけて、「――くなる」はク活用、「――しくなる」はシク活用。

形容動詞は「ナリ活用」「タリ活用」の二種類。「タリ活用」には、だいたい「堂々たり」とか「たり」の上に漢語が来る。

(4)
――げに
――げなり
――げなる
ときたら一語で形容動詞「美しげなり」「いやしげなり」になる。

(5)形容動詞の連用形「なり」「たり」は、直後に助動詞があるときに使われる。

【形容詞　ク活用・シク活用】

基本形	語幹	未然形［〜ズ］［〜バ］	連用形［〜テ］［〜ケリ］	終止形［〜。］	連体形［〜コト］	已然形［〜ドモ］	命令形［〜。］	↑コレに続く。
赤し	赤	（く） から	く かり	し ○	き かる	けれ ○	○ かれ	ク活用
うれし	うれ	（しく） しから	しく しかり	し ○	しき しかる	しけれ ○	○ しかれ	シク活用

⑸　形容詞の直後に助動詞があったら、「から・かり・○・かる・○・かれ」（補助活用）を使う。

○　美しかりける

×　美しくける

【形容動詞　ナリ活用・タリ活用】

基本形	語幹	未然形［〜ズ］	連用形［〜ケリ］	終止形［〜。］	連体形［〜コト］	已然形［〜ドモ］	命令形［〜。］	←コレに続く。
静かなり	静か	なら	なり に	なり	なる	なれ	なれ	ナリ活用
堂々たり	堂々	たら	たり と	たり	たる	たれ	たれ	タリ活用

ナリ活用もタリ活用も、ラ変型に連用形の「に」「と」がついた形だ。

【用言練習ノート】

【問題❶】次の空欄に、活用語尾の音（あいう）を書け。

〈動詞〉	未然	連用	終止	連体	已然	命令
四段 ①						
上一段 ②						
下一段 ③						
上二段 ④						
下二段 ⑤						
カ変 ⑥						
サ変 ⑦						
ナ変 ⑧						
ラ変 ⑨						

答え

【問題❶】
①あ・い・う・う・え・え
②い・い・いる・いる・いれ・いよ
③え・え・える・える・えれ・えよ
④い・い・う・うる・うれ・いよ
⑤え・え・う・うる・うれ・えよ
⑥こ・き・く・くる・くれ・こ（よ）
⑦せ・し・す・する・すれ・せよ
⑧な・に・ぬ・ぬる・ぬれ・ね
⑨ら・り・り・る・れ・れ

	未然	連用	終止	連体	已然	命令
〈形容詞〉						
ク活用 ⑩						
シク活用 ⑪						
〈形容動詞〉						
ナリ活用 ⑫						
タリ活用 ⑬						

【問題❷】 次の動詞についての説明の空欄に適当なことばを入れよ。

(1) 未然形が「ア」の音なら（　　活用）

(2) 未然形が「イ」の音なら（　　活用）か（　　活用）

(3) 未然形が「エ」の音なら（　　活用）か（　　活用）

(4) 下一段活用は「（　　）」の一語。

⑩ (く)・から／く・かり／し・○／き・かる／けれ・○／○・かれ

⑪ (しく)・しから／しく・しかり／し・○／しき・しかる／しけれ・○／○・しかれ

⑫ なら／なり・に／なり／なる／なれ／なれ

⑬ たら／たり・と／たり／たる／たれ／たれ

【問題❷】

(1) 四段（ナ変・ラ変）

(2) 上一段・上二段

(3) 下一段・下二段（サ変）

(4) 蹴る

【問題❸】傍線部ⓐ〜ⓓのそれぞれの活用形について、次の中から該当するものを選べ。

⑴ さしも里(a)遠からで、

⑵ 昔の人に、ならふとにはあら(b)ねども、

⑶ (c)おもほえず

⑷ 里にすめ(d)るばかりぞ

ア 未然形　イ 連用形　ウ 終止形　エ 連体形

オ 已然形　カ 命令形

（亜細亜大—法）

【解釈】

⑴ それほど里は遠くないで（＝遠くなくて）、

⑵ 昔の人に、まねをするというわけではないけれども、

⑶ 思いがけなく

⑷ 里に住んでいるだけであるよ

答え

【問題❸】

(a) ア　(b) オ

(c) ア　(d) エ

【問題❹】傍線部ⓐ・ⓑに含まれている動詞の⑴活用の行　⑵活用の種類　⑶活用形はそれぞれ何か。該当するものを、次の㋐〜㋕の中から一つずつ選べ。

国の内は、守《かみ》のゆかりのみこそはかしこきことにⓐすめれど、ⓑひがめる心はさらにさも思はで年月を経けるに、

⑴ ㋐ ガ行　㋑ サ行　㋒ ハ行　㋓ マ行　㋔ ラ行　㋕ ワ行

⑵ ㋐ 四段活用　㋑ 上一段活用　㋒ 上二段活用　㋓ 下一段活用　㋔ 下二段活用　㋕ 変格活用

⑶ ㋐ 未然形　㋑ 連用形　㋒ 終止形　㋓ 連体形　㋔ 已然形　㋕ 命令形

（國學院大―文・法）

【解釈】

国の中の人々は、国守の親戚だけは畏れおおい（＝敬うべき）ものにしているようであるけれども、ひねくれた気性（の私）は全くそうも思わないで年月を過ごしたところ、

【問題❹】
ⓐ ⑴㋑ ⑵㋕ ⑶㋒
ⓑ ⑴㋓ ⑵㋐ ⑶㋔

【問題❺】傍線部の動詞ⓐ「見る」、ⓑ「得」の、
⑴活用の行　⑵活用の種類　⑶活用形
はそれぞれ何か。該当するものを、次の㋐〜㋕の中から一つずつ選べ。

① ⓐ**見る**につけても
② 心もⓑ**得**ず思ひゐたるに、

⑴ ㋐ ア行　㋑ ハ行　㋒ マ行　㋓ ヤ行　㋔ ラ行　㋕ ワ行
⑵ ㋐ 四段活用　㋑ 上一段活用　㋒ 上二段活用
　 ㋓ 下一段活用　㋔ 下二段活用　㋕ 変格活用
⑶ ㋐ 未然形　㋑ 連用形　㋒ 終止形
　 ㋓ 連体形　㋔ 已然形　㋕ 命令形

（國學院大―文）

【解釈】
① 見るにつけても
② わけもわからず思っていたところ

答え

【問題❺】
ⓐ ⑴㋒・⑵㋑・⑶㋓
ⓑ ⑴㋐・⑵㋔・⑶㋐

STAFF

ブックデザイン
小久保由美(STUDIO POT)

イラストレーション
タラジロウ

編集協力
西岡小央里、相澤尋、佐藤玲子

DTP
株式会社センターメディア

印刷
株式会社リーブルテック

⑦